T0161717

LES INTUITIONS ATOMISTIQUES

BIBLIOTHÈQUE DES TEXTES PHILOSOPHIQUES

Fondateur H. GOUHIER   Directeur J.-F. COURTINE

Gaston BACHELARD

LES INTUITIONS ATOMISTIQUES

(Essai de classification)

Préface de
Daniel PARROCHIA

PARIS
LIBRAIRIE PHILOSOPHIQUE J. VRIN
6, Place de la Sorbonne, V^e
2015

© *Librairie Philosophique J. VRIN,* 1933 pour la 1 re édition,
1975 pour la 2 e édition augmentée
Imprimé en France

ISSN 0249-7972
ISBN 978-2-7116-2581-9

www.vrin.fr

PRÉFACE

Sixième livre de Bachelard, *Les Intuitions atomistiques* paraît pour la première fois à Paris en 1933 chez Boivin. L'ouvrage fait suite au *Pluralisme cohérent de la Chimie moderne* (1932) et à *L'intuition de l'instant* (1932).

La notion philosophique d'«intuition» (du latin *intueri*, apercevoir), utilisée en des sens divers par Descartes, Kant ou Bergson, gardait chaque fois pour ces auteurs un caractère immuable. Mais Bachelard, dans *L'intuition de l'instant*, avait montré que la visée du temps se modifiait avec les avancées de la physique. *Le pluralisme cohérent de la chimie moderne* révélait, quant à lui, que la chimie contemporaine tournait le dos au substantialisme. L'intuition d'une matière constituée d'atomes solides et insécables (le sens de *atomos*) ne pouvait donc pas être définitive. Multiple en elle-même, peu cohérente sinon déjà contradictoire aux yeux des historiens, la doctrine des atomistes grecs, comme l'avaient d'ailleurs noté

P. Tannery[1], H. Metzger[2] ou L. Brunschvicg, était à peine une philosophie. Il s'agissait plutôt d'un « monde mêlé d'images et de raisons » (p. 16) qui persistait jusqu'à nos jours.

Bachelard entreprend de recenser ces images et de les indexer. S'il s'agit d'abord, pour des raisons à la fois pédagogiques et philosophiques (aider à clarifier les idées et à comparer les doctrines) de trouver les « points fixes » d'une sorte de triangulation des doctrines (p. 16), Bachelard n'exclut pas que la démarche puisse aussi jouer, vis à vis de la science, un rôle de catharsis[3] (p. 37). Pour la mettre en œuvre, il use alors d'une méthode inspirée de son ouvrage sur la chimie et qui présente trois aspects :

1) Comme Lavoisier ou Mendeleiev l'avaient fait pour les composés chimiques, le philosophe va ici réduire les doctrines de l'atome à des éléments simples (intuitions et/ou arguments) qu'il conviendra ensuite de classer. La classification obtenue rassemblera les diverses variétés d'atomismes recensés (réaliste, positiviste, criticiste et axiomatique), les trois dernières étant des formes d'idéalisme.

2) Insistant sur ce qui change, la méthode entend d'abord révéler comment ces formes d'atomisme conçoivent la synthèse ou composition[4]. Pour l'atomisme ancien, si une vue

---

1. P. Tannery, « Qu'est-ce que l'atomisme ? », dans *Mémoires scientifiques*, volume VIII, *Philosophie moderne, 1876-1903*, Toulouse, Privat, 1927, p. 303-337.

2. H. Metzger, « Compte-rendu des *Intuitions atomistiques* », *Revue Philosophique de la France et de l'Etranger*, tome 116, juillet-décembre 1933, p. 310-312.

3. L'ouvrage sur *La Formation de l'esprit scientifique* reprendra ce projet.

4. De même, plus tard, lorsque Bachelard, dans une démarche également inspirée par la taxinomie scientifique, ramènera la complexité des formes de

rationnelle (pseudo-scientifique) de la réalité paraît s'imposer, c'est surtout parce qu'on y accentue le côté théorique de la connaissance, au détriment du côté expérimental (p. 20). Ainsi, les atomes de Démocrite ont-ils des propriétés parfaites (dureté, immutabilité, éternité, etc.) et des crochets hypothétiques pour s'attacher, tandis que ceux de Lucrèce, soumis au clinamen, sont supposés expliquer la liberté. Mais qui ne voit la distance avec la science réelle ? « Actuellement, écrit Bachelard, les savants sont nombreux qui refusent d'associer à l'atomisme scientifique moderne les philosophies de Démocrite et de Lucrèce » (p. 24). Lui-même ne leur accordera même pas d'avoir influencé les atomistes de l'Âge Classique (Gassendi, Huyghens, Boyle) ou du début du XIXe siècle (Dalton)[1].

3) Bachelard échappe ainsi au continuisme brunsch-vicgien, mais n'en conclut pas, pour autant, à une totale discontinuité du savoir. Certes, les Anciens ne sont pas des précurseurs : dans l'histoire de l'atomisme, « rien de semblable à ces influences qui traversent les siècles », et Démocrite n'est pas le « premier adepte » de l'esprit expérimental positif (p. 25). Néanmoins, le philosophe note que, dans l'atomisme, l'appel à l'expérience est constant et que la philosophie atomistique, en général, « jouit d'une dialectique si claire qu'à toutes les époques on voit réapparaître la même dualité, les mêmes divisions dans les manières de concevoir l'atome » (p. 26). D'où précisément la possibilité d'une classification, qui suppose qu'on prenne quelque licence avec l'histoire : on

l'imaginaire aux quatre éléments présocratiques (eau, air, terre, feu), ce sera surtout pour expliquer leur combinatoire.

1. Ce jugement a été contesté. *Cf.* J. Salem (éd.), *L'atomisme au XVIIe et XVIIIe siècles*, Publications de la Sorbonne, 1999, préface, p. 7.

se donnera le droit de désorganiser les systèmes[1], de mêler les époques, de laisser parfois tomber l'accidentel ou le « spécifiquement historique » (p. 27).

Parti de l'expérience libératrice de la poussière[2] (p. 37), également révélatrice du vide et qui permet déjà de réfuter le bergsonisme et le lien qu'il veut voir entre l'intelligence et le solide (p. 41), la raison atomistique devra savoir se détacher des différentes formes de réalismes qui l'entravent et, de Démocrite à Lémery et au-delà, affiner ses thèses. Il faudra même que l'atome prenne une apparence punctiforme (Boscovich) (p. 82), qu'il perde son principal caractère (l'insécabilité) et devienne segmentable, pour qu'on puisse enfin accéder à la physique moderne. Avec l'atomisme positiviste (Kirchberger, Proust, Berthelot) et son insistance sur la vérification expérimentale (sous l'influence de Richter, Dalton ou Lange), le « matérialisme » pourra s'approfondir et le phénomène chimique, avec Avogadro puis Perrin, finira lui-même par se soumettre à l'hypothèse atomiste. Au-delà de la critique néo-kantiste de Hannequin (p. 121 *sq.*), on entrera alors, au début du xxe siècle, dans l'époque des principes et des postulats, ainsi que de leur coordination mathématique : l'atomisme axiomatique (p. 149 *sq.*).

Bachelard tire de sa « taxinomie » des conséquences philosophiques majeures : 1) l'ordre des idées dynamise les idées et c'est par l'ordre et la composition des idées, plus que par leur analyse, que la pensée peut préparer des découvertes (p. 153) ; 2) L'atomistique devient au fil des années une

---

1. Bachelard reprendra l'idée dans *La Philosophie du non*.
2. F. Dagognet en fera aussi l'éloge. *Cf.* F. Dagognet, *Pour le moins*, Paris, Les Belles Lettres, 2009, p. 29-46.

atomistique instrumentale qui produit (et non pas trouve) des phénomènes précis, schématisés et « imprégnés de théorie »[1] (p. 156). L'instrument lui-même, selon une formule restée célèbre, n'est qu'un « théorème réifié » (p. 157); 3) Par là, la science moderne tend de plus en plus à devenir une science d'effets (effets Zeeman, Stark, Compton, Raman…), mathématiquement décrits et bien liés; 4) Le caractère complexe (et non pas simple, comme le croyait Meyerson) de l'électron, qui échappe aux lois de l'électrodynamique classique (p. 162), oblige alors Bohr à inventer une physique inédite, contraire au sens commun, et où n'ont plus cours les intuitions classiques de trajectoire et d'espace (p. 166) – une physique « non-maxwellienne ».

En conclusion, selon Bachelard, les recherches scientifiques sur les phénomènes atomiques soulignent le caractère illusoire de nos intuitions premières, « qui répondent trop tôt et trop complètement aux questions posées » (p. 171); elles nous incitent aussi à rejeter ce réalisme « qui attribue à l'objet scientifique plus de propriétés qu'on en connaît effectivement » (p. 172); enfin, pour être correctement interprétées, elles nous engagent à leur associer des perspectives philosophiques multiples[2] – criticisme, positivisme, idéalisme et même réalisme (si celui-ci se borne à une simple inclinaison fonction des enrichissements successifs de la connaissance) – qu'il s'agit d'ordonner (p. 173).

---

1. Une expression proche (*theory laden* en anglais) se retrouve chez Quine. *Cf.* W.V.O. Quine, *La Poursuite de la Vérité*, Paris, Seuil, 1993, p. 28.

2. Cette polyphilosophie sera théorisée, là encore, dans *La philosophie du non*.

Ainsi, sans pouvoir encore entrer franchement dans la physique nouvelle[1], Bachelard n'en a pas moins saisi son essence : une expérience enrichie d'un champ de suppositions mathématiques considérable, mais qui garde un profond intérêt pour le philosophe, car elle porte en elle « la plus prodigieuse des métaphysiques »[2]. Quant à la méthode « classificatoire » utilisée par l'auteur, elle est, aujourd'hui encore, au centre de nombreuses recherches[3].

Septembre 2015

Note de l'éditeur : La pagination en marge est celle de l'édition de 1975.

1. On peut s'étonner que le livre soit presque muet sur les travaux des physiciens quantiques de l'époque : on note, certes, quelques références à Millikan, Stern-Gerlach ou de Broglie. Mais l'approche de Bohr est peu technique et Heisenberg n'est cité qu'une fois. Ceci s'explique par les dates : dans les années 1930, la physique quantique reste récente et la plupart des particules élémentaires sont encore à découvrir. Il faudra attendre des livres plus tardifs de Bachelard, tels que *L'expérience de l'espace dans la physique contemporaine* ou *L'Activité rationaliste de la physique contemporaine*, pour des analyses plus précises de la riche réalité du monde particulier.

2. Celle-ci est désormais explicite. Voir, par exemple S. Ortoli, J.-P. Pharabod, *Métaphysique quantique*, Paris, La Découverte, 2011.

3. *Cf.* F. Dagognet, *Tableaux et Langages de la Chimie*, Paris, Seuil, 1969; *Le Catalogue de la Vie*, Paris, P.U.F., 1970; Voir aussi D. Parrochia, P. Neuville, *Taxinomie et réalité, vers une métaclassification*, London, Iste, 2014.

LES INTUITIONS ATOMISTIQUES

| INTRODUCTION
LA COMPLEXITÉ FONDAMENTALE
DE L'ATOMISTIQUE

I

C'est l'infortune de toutes les grandes doctrines qu'en évoluant elles se contredisent et qu'elles ne puissent s'enrichir sans perdre leur pureté et leur lumière originelles. Les définitions qui sont à leur base s'obscurcissent dans une application répétée. Les mots eux-mêmes quittent leur racine ; l'usage en ternit l'étymologie. Si la convention que ces mots désignaient primitivement est heureuse, elle ne tarde pas à devenir une règle. Autrement dit, le sens restreint, s'il est assez précis pour éclairer une notion réellement utile, appelle, par l'usage même, le sens large. Qu'une notion arrive ainsi, en élargissant son extension, à contredire étymologiquement le terme qui la représente, cela ne saurait donc être une objection décisive contre cette notion. Ce serait plutôt un signe qu'elle est sortie du domaine des simples définitions de mots pour devenir un véritable catégorème.

L. Brunschvicg[1] montre que, déjà, de Démocrite à Lucrèce, une contradiction s'est installée dans l'hypothèse 2 atomique et | que deux grandes doctrines, réunies sous le même signe, mais d'aspirations et de destins divers, vont de conserve jusqu'aux âges scientifiques. L'atomisme aurait ainsi assimilé son contraire dès le premier effort d'extension. Il serait passé très rapidement du sens réaliste au sens catégorématique. L'atome, pris d'abord comme un objet dans une intuition, aurait fourni à la pensée l'occasion d'une méthode discursive pour une étude analytique du phénomène. Tout un monde mêlé d'images et de raisons seraient donc déjà en puissance dans les premières doctrines de l'atomisme. Cette apparence mêlée persistera naturellement quand l'évolution philosophique viendra enrichir les doctrines.

Dans ces conditions, il est peut-être bon de procéder à une analyse, et même à un démembrement, pour bien isoler les éléments disparates des doctrines qui, sous un même nom, cachent des pensées si diverses. Notre but a été de préparer cette analyse et de fournir aux étudiants des moyens ou des prétextes pour classer leurs idées. Sans doute notre travail ne saurait détourner l'esprit de cette compagnie avec les systèmes individuels qui permet d'en comprendre l'unité. Si nos analyses ont un sens, elles ne feront que faciliter la compréhension et surtout la comparaison des doctrines. Quelques éléments clairement détachés peuvent en effet servir de centre d'examen. Toute triangulation réclame des points fixes et bien visibles. Si les éléments que nous isolons correspondent à des

---

1. L. Brunschvicg, *L'expérience humaine et la causalité physique*, Paris, Alcan, 1922, p. 381.

faits saillants, la triangulation que nous proposons pourra fournir un plan pour la description minutieuse des systèmes.

Voici d'ailleurs tout de suite un trait qui peut aider à rapprocher les chapitres épars de ce petit livre. Ce trait montrera que nous hésiterions nous-même à opposer définitivement les doctrines que nous séparons : Il nous semble en effet que les deux | directions dégagées par L. Brunschvicg 3 dans les explications primitives par l'atome sont si exactement inverses qu'elles indiquent plus que des lignes d'analyses mais vraiment un mouvement épistémologique de va-et-vient, également clair et fécond. Autrement dit, l'antisymétrie des doctrines est si parfaite qu'elle témoigne d'une certaine solidarité dans les solutions plutôt que d'une hétérogénéité des objets de la recherche. En effet, deux systèmes de pensées qui retrouvent les mêmes éléments, dans la même relation, dans le même ordre général, mais seulement en sens inverse, sont au fond réductibles à une forme unique. Ces deux systèmes suivent en somme les mouvements parallèles mais inverses de l'analyse et de la synthèse. Ils sont plutôt complémentaires qu'opposés. Ils se vérifient l'un par l'autre et c'est en vain qu'on voudrait en détruire la solidarité, se livrer à l'un en se délivrant de l'autre.

Dans le domaine de l'atomistique, l'analyse et la synthèse ont une signification si précise, si matérielle, si générale qu'il sera peut-être bon d'insister sur l'allure de preuve réciproque que prennent l'un à l'égard de l'autre ces deux types de pensée, ces deux types d'explication, ces deux types d'expérience.

Une des pensées dominantes de cet ouvrage sera de montrer qu'on cherche effectivement l'atome quand on analyse le phénomène, mais qu'en même temps on ne justifie l'atomisme que dans la synthèse, en indiquant comment l'on

peut concevoir une *composition*. La preuve par un élément
ultime doué d'une réalité évidente, par un atome qu'au terme
d'une analyse on tiendrait au bout du doigt et qui répondrait
par sa réalité seule à toutes les questions serait définitive. On
aurait là une espèce d'analyse absolue qui échapperait à la
réciprocité. Cette méthode aurait achevé la substitution des
« comment » aux « pourquoi ». Et cependant on aurait ainsi
4 oublié une question, dernier refuge du « pourquoi » | invin-
cible : en effet, qui nous donnera la raison de la *composition* ?
En méditant le problème, nous nous apercevrons que la raison
qui entraîne la simple composition de deux atomes ne peut
résider entièrement dans la *nature* de chacun des deux atomes.
Nous sommes alors en face de deux conclusions également
nécessaires et cependant divergentes : d'une part, si l'élément
composant pouvait accueillir tous les caractères du composé,
on serait amené à conclure qu'en réalité il n'y a pas composition. C'est donc une explication toute verbale que celle qui
part d'un atome trop riche. D'autre part, il est bien certain que
les compositions les plus lâches, les plus simples, comme par
exemple la juxtaposition ou le mélange, participent pour le
moins à la puissance informatrice de l'espace. On voit bien
dans ce cas que l'atome ne se suffit pas à soi-même, qu'on est
obligé de lui attribuer un *en dehors* et que ses relations avec
l'extérieur constituent une espèce de réalité de second ordre
qui vient tôt ou tard enrichir des atomes qu'on avait cru
pouvoir postuler d'une pauvreté extrême. Ainsi, comme nous
en aurons maints exemples, ou bien l'atome est trop riche et le
problème – pourtant réel – de la composition n'a pas de sens ;
ou bien l'atome est trop pauvre et la composition est
incompréhensible.

Il est donc inutile de chercher une analyse absolue. Il faudra toujours juger l'analyse par la synthèse qu'elle favorise. De même une synthèse ne sera comprise comme telle que grâce à une analyse antécédente. C'est en unissant l'analyse et la synthèse que nous donnons à ces deux modes de pensée toute leur valeur.

Si donc nous avons la chance de trouver sur un problème précis une réciprocité d'allures aussi exactement complémentaires que celle que remarque M. Brunschvicg au centre de l'explication atomistique, nous avons quelque assurance de tenir un rythme d'explication valable, à condition d'en réunir ₅ les deux aspects. | Nous tenons une filiation de pensées à la fois correcte et objective. *L'objet* n'est pas dans une direction plutôt que dans l'autre ou, pour mieux dire, l'objectivation ne se fera pas plutôt par analyse que par synthèse, car l'objectivation est produite par la gémination correcte et claire de l'analyse et de la synthèse. La parfaite réversibilité d'une telle explication concilie les valeurs logiques et les valeurs empiriques de la connaissance ; elle représente, au sein de la connaissance expérimentale, le maximum d'homogénéité.

Naturellement cette homogénéité est peu apparente dans les doctrines de l'Antiquité et il est bien certain que L. Brunschvicg pouvait noter, entre Démocrite et Lucrèce, la divergence que manifestent des pensées simples dès qu'elles diffèrent. Avec les réserves que nous avons faites, ces deux premières formes de l'atomisme peuvent donc nous servir de signes pour classer de prime abord les aspects de notre problème. Nous allons caractériser d'un peu plus près ces deux *directions épistémologiques*.

II

Quelle est d'abord la direction de l'explication démocritéenne ? Et en premier lieu, quel en est le point de départ ?

Dans cette doctrine, on commence par rompre franchement avec les qualités du phénomène et l'on attribue aux corpuscules élémentaires, qui devront déterminer l'explication, des caractères entièrement hétéroclites et même opposés aux caractères apparents dans le phénomène. C'est ainsi que l'atome recevra les propriétés *parfaites* : dureté, immutabilité, éternité, aptitude à la forme géométrique et à la symétrie. Ainsi, prise dans son essence, la pensée de l'atomisme primitif nous semble d'une 6 véritable | audace théorique. Elle ne craint pas de s'écarter de l'expérience pour imposer une vue *rationnelle* à la réalité.

On a dit souvent que l'école de Démocrite était inspirée par un véritable esprit scientifique. Cela ne suffit pourtant pas à caractériser cette école, car l'esprit scientifique est pour le moins double suivant qu'il accentue le côté théorique ou le côté expérimental de la connaissance. C'est plutôt dans le premier sens que nous semblent se diriger les premiers atomistes grecs. Toutefois, ils ne s'en doutent pas ; ils croient observer, mais déjà ils raisonnent. Aussi notre jugement d'ensemble est conciliable avec le jugement historique de É. Bréhier qui rappelle la vie de voyages et d'observations de Leucippe et de Démocrite. Dès lors quand nous aurons à chercher jusque dans la pensée moderne le destin de l'intuition démocritéenne, c'est un atomisme clairement et économiquement construit que nous devrons envisager. Dans cette ligne d'évolution, nous verrons se constituer une véritable axiomatique de l'atome ; autrement dit, nous nous rendrons compte que l'atomistique saisie dans cette voie n'est, à certains égards, rien d'autre que le *corps* des postulats indispensable à l'explication géométrique et mécanique du phénomène. C'est au point que nous pourrons dire, dans une de nos conclusions, que l'atome réifie les conditions suffisantes, sinon nécessaires, de la construction théorique du phénomène.

Certes, le point de vue où se placent les partisans de Démocrite n'a pas une unité aussi nette que nous le marquons en schématisant à l'extrême leur pensée souvent mêlée. Nous n'ignorons pas, en particulier, qu'on est fondé à retenir plus communément le caractère expérimental de leur épistémologie surtout quand on l'oppose à la métaphysique des écoles adverses ; mais, à notre avis, la partie expérimentale de la doctrine est, rationnellement parlant, une partie faible car elle apparaît entièrement hétéroclite | au corps de l'explication 7 générale. C'est dans la proportion où la construction s'inspire du phénomène qu'elle s'adapte mal aux caractères atomiques postulés. On voudrait que cette construction retrouvât le phénomène sans le chercher, en suivant l'essor d'une véritable mathématique. Si elle se fût développée par pure logique, en suivant la propre valeur de combinaison rationnelle des éléments postulés, elle eût peut-être manqué sa synthèse, expérimentalement parlant ; mais elle eût été du moins une synthèse intrinsèquement correcte. Au surplus, les circonstances de l'échec auraient peut-être conduit à rectifier le point de départ. Au contraire, comme un pragmatisme latent infléchit sans cesse le développement logique, on ne voit pas apparaître dans la science physique antique les conditions d'une saine vérification. Finalement, l'analyse qui prétend fixer les caractères de l'atome et la synthèse qui prétend construire le phénomène sont décousues ; elles ne se rejoignent pas ; elles ne se vérifient donc pas. Autant dire que l'effort expérimental et l'effort théorique de la doctrine obéissent à deux impulsions étrangères et qu'avec Démocrite, l'esprit scientifique n'a pas su encore rapprocher les deux courants qui trouvent, à leur convergence, l'unité du phénomène avec la certitude rationnelle.

Essayons maintenant de dégager, dans l'explication épicurienne, le caractère qui pourra nous donner un nouveau signe pour le classement de toute une catégorie de doctrines atomistiques.

Ce caractère dominant c'est que loin de rompre dès ses pensées préliminaires avec l'expérience commune, la doctrine d'Épicure prend volontiers, au phénomène d'ensemble, des propriétés toutes faites pour les transporter à l'élément d'explication. Certes, ainsi que nous venons de le remarquer, Démocrite, comme tous les positivistes, n'est pas arrivé à

8 exorciser la finalité de l'explication ; | mais il a fait du moins un grand effort pour la cacher, pour la réduire, et, dans son système, alors même qu'on se guide sur les caractères phénoménaux, on prétend les construire. Au contraire, chez Lucrèce, on explicite le caractère phénoménal au niveau même du domaine des postulats choisis pour l'explication. L. Brunschvicg en apporte la preuve sur un cas privilégié. La liberté, c'est certainement ce qu'il y a de plus difficile à construire[1]. Comme les développements démocritéens n'y parviendront pas, on sera amené dans la doctrine démocritéenne stricte à affirmer un déterminisme. Il est bon de remarquer que le déterminisme se présente là comme une

---

1. Il est peut-être inconcevable qu'on la construise, qu'on la déduise, ou même qu'on la prouve autrement qu'en l'éprouvant. Elle contredit toute coordination. « Nulle part l'idole de l'explication n'a fait surgir plus d'apories insolubles que dans les questions relatives à la liberté. » (Jankélévitch.) *Revue de métaphysique et de morale*, décembre 1928, p. 457.

hypothèse ; aucune expérience ne le prouve, et même aucune expérience ne l'indique. Au contraire, les doctrines épicuriennes accordent une véritable liberté aux atomes avec la supposition de la déviation sans cause, du *clinamen* qui ne réclame aucune explication puisqu'on l'attribue directement à l'atome. L'atome enferme alors dans son intérieur toutes les propriétés extérieures de la liberté. On conçoit combien il sera facile d'insérer, dans un monde au déterminisme ainsi relâché, la liberté humaine avec toutes ses caractéristiques, tout son devenir, ses impulsions de tout ordre. Mais une telle déduction fait immédiatement figure de cercle vicieux puisqu'on se borne à retrouver ce qu'on avait postulé.

Ainsi, sur ce problème précis du rôle et de la place de la liberté dans la synthèse du phénomène, on saisit l'opposition des deux ordres de doctrines qui prennent naissance avec Démocrite et avec Lucrèce. Dans un système, la solution est impossible ; dans | l'autre, elle est pour ainsi dire trop facile. 9 Pour caractériser cette opposition en remontant à l'essence même des méthodes générales auxquelles nous faisions allusion un peu plus haut, on peut remarquer que dans les doctrines d'inspiration démocritéenne, il y a échec à la synthèse ; au contraire, dans les doctrines qui relèvent de Lucrèce, il n'y a vraiment pas de mouvement épistémologique en profondeur, pas d'analyse réelle. Dans les deux cas, on est bien loin d'avoir associé, en vue d'une vérification mutuelle, une analyse et une synthèse, puisqu'on demeure, de toute évidence, dans le plan même de l'hypothèse initiale.

Enfin une autre conclusion découle de ce premier classement grossier : c'est la pensée de Démocrite qui nous paraît, tout en étant la plus savante, emprunter le moins d'éléments à la réalité. Elle sera toujours plus ou moins solidaire d'une philosophie idéaliste. Au contraire, c'est la doctrine de

Lucrèce, moins sévère et moins soigneuse dans le choix de ses bases, qui nous paraît plus proche du phénomène et finalement plus réaliste.

III

Dès lors, peut-être avions-nous raison d'affirmer qu'un des systèmes ne continue pas l'autre et qu'avec Lucrèce, l'atomisme est repris, repensé à partir de sa base et pour de tout autres fins. Cette puissance d'originalité et de renouvellement, qu'une identité dans la dénomination pourrait masquer, persiste d'ailleurs dans les écoles atomistiques plus récentes. Si notre dessein était de retracer le développement historique des doctrines atomistiques – tâche vraiment inutile après l'admirable ouvrage de Lasswitz[1] – nous serions amené à signaler souvent la même disparité des méthodes, le même
10 aspect morcelé des conclusions. Il est | peut-être, dans la philosophie, peu d'exemples aussi nets de l'indépendance et de la solitude des doctrines que dans le développement de l'atomistique. Actuellement, les savants sont nombreux qui refusent d'associer à l'atomisme scientifique moderne les philosophies de Démocrite et de Lucrèce. Nous oserions aller plus loin : les doctrines de l'atomisme antique ne nous paraissent pas avoir propagé une influence réelle dans les temps modernes ; elles n'ont vraiment pas inspiré les théories des Gassendi, Huyghens, Boyle, pas davantage les recherches de Dalton. En effet, nous ne pouvons pas mettre, au compte d'un véritable enseignement, l'intuition, en somme immédiate, qui livre à chacun de nous les traits fondamentaux de la conception

1. K. Lasswitz, *Atomistik und Kriticismus*, Braunschweig, 1878, p. 49. [N.d.E.]

atomique. Pour l'atomisme rien de semblable à ces influences qui traversent les siècles et qui, tantôt sourdes, tantôt évidentes, portent le platonisme, le cartésianisme, le panthéisme au sein même des doctrines les plus diverses, fécondent une pensée, apparentent les systèmes. Par exemple, quand Bacon cite Démocrite, c'est au fond pour lui faire le simple hommage du *mot* atome. Tout au plus, il prend le philosophe grec pour le maître d'une aversion déclarée et méthodique de la métaphysique. Cela ne devrait pas suffire à proposer Démocrite comme le premier adepte de l'esprit expérimental et positif. Toutefois, cette opposition à l'esprit métaphysique – quelque obscure et même inexacte qu'elle apparaisse dès qu'on l'examine d'un peu près – revient à référer l'atomisme à la seule expérience. Et ce recours à l'expérience, qui peut donner à la doctrine une garantie de permanence, va nous expliquer du même coup que cette doctrine se propage sans qu'on doive cependant parler d'influence de penseur à penseur.

En effet, une fois que l'intuition a pris son point de départ dans l'expérience, cette intuition peut se développer en se livrant à la propre force de l'expérience. Si même on ajoute qu'elle *doit* | se développer ainsi, c'est-à-dire que le premier 11 soin doit être d'écarter les suggestions de l'école pour regarder le fait avec des yeux frais, on comprendra que l'atomisme se présente presque toujours dans l'histoire de la philosophie comme une réaction contre l'histoire, comme l'affirmation d'un droit à traiter le problème du réel dans une expérience directe.

Cependant ces prétentions scientifiques tournent court et les siècles passent sans qu'elles puissent se constituer en une méthode générale. D'ailleurs, l'esprit métaphysique n'abandonne pas, par simple déclaration, les doctrines atomistiques, et à propos du concept très précis d'atome, les idées les plus diverses – les plus personnelles aussi – se lient dans des constructions évidemment arbitraires. Est-il corps de doctrines plus mêlé que l'atomisme pris dans son ensemble ? Ne va-t-il pas du matérialisme au monadisme ? De l'unité matérielle, dans un monisme de la qualité à peine différenciée par les caractères spatiaux, à la plus prodigue diversité phénoménale ? Comment résoudre l'apparente contradiction entre la simplicité et l'uniformité du point de départ et la complexité des développements ? Il suffira peut-être de remarquer d'une part que ce qui se transmet, c'est un mot et une invitation à l'expérience, raison de stabilité et de conformisme, et d'autre part, que ce qui se développe, c'est une philosophie comme les autres où l'intuition individuelle pose le sceau de sa fantaisie.

D'ailleurs cette philosophie atomistique jouit d'une dialectique si claire qu'à toutes les époques on voit réapparaître à peu près invariablement la même dualité, les mêmes divisions entre les diverses manières de concevoir l'atome. Renouvier signalait que les philosophies antésocratiques se partagent « en autant de doctrines qu'il est possible de poser de 12 principes généraux | et contraires pour expliquer la nature et la cause des êtres » [1].

C'est encore plus vrai des doctrines atomistiques. On peut donc espérer trouver une classification claire, sinon rationnelle, malgré la diversité historique des doctrines.

---

1. L. Mabilleau, *Histoire de la Philosophie atomistique*, Paris, Librairie Félix Alcan, 1895, p. 52.

IV

Une telle remarque justifie peut-être en partie la méthode d'exposition que nous avons choisie dans ces études. Comme nous le disions précédemment, notre but est de souligner les traits intuitifs des doctrines atomistiques, de montrer aussi comment une intuition devient un argument, comment enfin un argument cherche une intuition pour s'éclaircir. Il nous fallait désorganiser les systèmes pour en bien détacher les éléments. Dans ces conditions, nous prendrons donc le droit d'emprunter des exemples à des moments très différents de l'évolution philosophique. Nous mêlerons les époques plutôt que de mêler les genres. Nous écarterons aussi ce qu'il y a d'accidentel, de spécifiquement historique, dans certaines conceptions. L'histoire de la philosophie étant une histoire de la raison et de l'expérience, il n'est peut-être pas sans profit de dénombrer de temps en temps les données de la raison et de l'expérience. Si nous avons pu dégager quelques-uns de ces principes essentiels de la philosophie atomistique, et si nous avons donné un premier classement tout provisoire des intuitions et des arguments, le lecteur de notre livre pourra peut-être lire plus rapidement des livres plus complets et comparer plus clairement les œuvres innombrables des philosophes | de l'ato- 13 misme. C'est à cette simple tâche, toute préliminaire, toute pédagogique, que nous voudrions avoir utilement travaillé.

Voici, dans ses grandes lignes, le plan de ces études. Sur la trace même de la dualité que nous avons signalée en manière d'introduction, nous avons divisé nos recherches en deux séries de chapitres.

Nous prendrons tout d'abord l'*atomisme qui s'apparente aux écoles réalistes*. C'est le plus simple, c'est le plus naïf.

Nous aurons à montrer comment il s'insère dans un réalisme général. Toutefois, afin d'en aborder plus commodément l'examen, nous commencerons par présenter ce que nous croyons être la base intuitive de tout atomisme ; quand on aura isolé les moyens de connaître ou les occasions d'imaginer, on sera mieux placé pour apprécier la portée des pensées métaphysiques. Alors, on verra mieux que l'atomisme réaliste est une métaphysique comme les autres, c'est-à-dire éloignée de la vérification expérimentale.

Avant de passer aux autres écoles, nous montrerons que l'atomisme réaliste évince un problème essentiel que nous devrons caractériser : c'est le problème de la composition phénoménale. Nous lui consacrerons un court chapitre.

Dans une deuxième partie de notre travail, nous examinerons ensuite, toujours dans le même esprit de libre et artificielle analyse, les divers types d'atomismes plus ou moins proches de la philosophie idéaliste[1]. Nous distinguerons successivement :

L'atomisme positiviste si adroit et si prolixe dans ses restrictions qu'il trouve parfois le moyen de passer pour 14 réaliste dans | ses affirmations expérimentales, tandis qu'il est incontestablement idéaliste en ce qui concerne l'hypothèse qui le soutient tout entier ;

L'atomisme criticiste – propre à s'adjoindre aux thèses scientifiques les plus diverses ;

Et enfin nous aborderons aux principes de l'atomisme scientifique moderne. Sans entrer sur le terrain proprement

---

1. L. Weber a montré le caractère idéaliste de l'atomisme moderne. Voir *Vers le Positivisme absolu par l'idéalisme*, Paris, Alcan, 1903, p. 24 *sq.*

scientifique, nous dégagerons quelques principes philosophiques qui marquent de traits tout nouveaux la pensée atomistique moderne. Nous verrons converger là les efforts de la raison et de l'expérience. Il s'agira alors de rationaliser la recherche expérimentale, d'assembler des axiomes, de préparer des théorèmes, de produire les *effets* physiques prévus par la Physique mathématique. Le rôle et la place des intuitions seront bouleversés : les intuitions ne seront plus des *données* qu'on exploite et qu'on organise, mais tout simplement des *figures* par lesquelles on s'exprime. L'atomisme moderne nous apparaîtra donc comme essentiellement discursif ; il se gardera soigneusement des intuitions métaphysiques *a priori* ; il remplacera les images premières par des axiomes, ou, pour mieux dire, il n'acceptera ces images que comme des figures pour illustrer des axiomes. Dans le domaine qui nous occupe, cette *systématique de la supposition* qui caractérise la science moderne pourrait peut-être légitimer le nom d'*atomisme axiomatique* que nous proposerons.

Dès lors si notre travail, dans son ensemble, devait avoir un sens pour une étude des principes de la science contemporaine, il faudrait y voir une tâche de catharsis. C'est en connaissant d'une manière discursive et détaillée les intuitions métaphysiques traditionnelles qu'on pourra arrêter plus facilement l'action exagérée de ces intuitions dans un domaine où elles ne peuvent plus être que des métaphores. En face de l'infiniment petit de la matière, | nous sommes en présence d'une rupture 15 de notre expérience ; pour l'examiner, il faut rendre à la raison toute sa disponibilité. Autrement dit, la microphysique contemporaine est la science d'un monde nouveau, la métamicrophysique devra être faite, sur la base des expériences nouvelles, avec des catégories nouvelles.

| **PREMIÈRE PARTIE** 17

CHAPITRE PREMIER

LA MÉTAPHYSIQUE DE LA POUSSIÈRE

I

Si l'expérience usuelle ne nous présentait pas les divers phénomènes de la poussière, il est à présumer que l'atomisme n'eût pas reçu des philosophes une adhésion si prompte et qu'il n'eût pas connu un destin si facilement renouvelé. Sans cette expérience spéciale, l'atomisme n'aurait guère pu se constituer que comme une doctrine savante, toute spéculative, où le risque initial de la pensée n'est justifié par aucune observation.

Au contraire, du seul fait de l'existence de la poussière, l'atomisme a pu recevoir, dès son principe, une base intuitive à la fois permanente et riche en suggestions. Ces suggestions initiales valent de toute évidence aussi bien pour expliquer le succès historique durable de l'atomisme que son succès pédagogique et ici plus qu'ailleurs la philosophie a intérêt à rapprocher les éléments | pédagogiques des éléments 18 historiques. C'est de ce simple point de vue pédagogique que nous allons nous efforcer d'étudier en quelques pages la plus simple des images de l'atomisme. C'est précisément parce que cette image est simple et primitive qu'elle est durable. Charles Adam n'a pas hésité à rapporter ainsi à la jeunesse de Descartes quelques-unes de ses intuitions maîtresses. C'est, dit-il, parce que Descartes a vécu à la campagne qu'il a pu fixer quelques traits curieux de la nature. Charles Adam met précisément, au rang de ces leçons naturelles, la connaissance des phénomènes des feux follets, de la poussière, des tourbillons[1]. En fait, on doit constater que le *tourbillon* est un phénomène plus rare qu'on ne pense et que beaucoup en parlent qui n'ont pas eu l'occasion d'en observer. Il faut avoir vu la poussière du chemin, au creux d'un ravin, prise et soulevée par un souffle favorable, pour comprendre ce qu'il y a à la fois d'architectural et de libre, de facile et de délicat, dans les volutes d'un tourbillon. Les tourbillons les mieux faits sont les plus petits, ils tiennent dans une ornière, ils peuvent vraiment tourner sur eux-mêmes comme une toupie qui dort. Les remous de la rivière, plus communément observés, présentent une figure bien plus grossière que le tourbillon dessiné par la poussière ; l'eau ne donne que le dessin en creux, la poussière le donne en relief.

Quoi qu'il en soit de l'importance attribuée par Charles Adam à ces premières images matérielles du cartésianisme, il n'est pas douteux qu'on trouve dans la littérature atomistique, le plus souvent d'essence radicalement matérialiste, maintes 19 | citations relatives aux phénomènes de la poussière. C'est pourquoi il nous paraît étonnant que Lasswitz ne fasse figurer

---

1. Voir dans Descartes, *Œuvres Complètes*, éd. Adam-Tannery, *Vie de Descartes*, t. XII, p. 17, note.

dans son index, par ailleurs si minutieux, rien qui rappelle les concepts de poussière, de poudre, de pulvérisation. Ces concepts mériteraient certainement une place avant les concepts d'ambre, de mercure, de fumée... que Lasswitz a retenus.

II

Après ces remarques générales, essayons de nous rendre compte de l'importance du phénomène de la poussière pour la pédagogie de l'atomisme.

On peut d'abord apporter une preuve en quelque sorte négative de la valeur intuitive d'un tel phénomène. Il suffit pour cela d'imaginer ce que serait, pour notre intuition, un monde de solides bien définis, un monde d'objets dont l'individualité serait fortement et clairement attachée à la grandeur, comme c'est le cas, par exemple, pour tous les corps animés. Complétons même, pour plus de clarté, nos suppositions en nous mettant en face d'un monde où ces objets définis et individualisés auraient des grandeurs qui s'étendraient sur une échelle de dimensions assez resserrée, de manière à ne contenir aucun objet très grand et aucun objet très petit. On comprend tout de suite que dans un tel monde la division matérielle serait désignée comme une opération uniquement *artificielle*. Intuitivement parlant, on pourrait briser, on ne pourrait pas analyser. Sans doute, une science avancée arriverait peut-être à reporter ailleurs le principe de l'individualité, elle pourrait par exemple se contenter d'analyser | *géométriquement* un solide. 20 Mais alors l'analyse géométrique et le morcellement du réel ne seraient plus synchrones : la première serait marquée au sceau de l'idéalité, elle serait du domaine de la possibilité pure et simple ; rien de réel ne lui correspondrait.

Changeons maintenant d'utopie scientifique. Au lieu de ce monde de solides géométriquement bien définis, imaginons un monde d'objets pâteux, tel que serait par exemple le cas, un moment considéré par Mach, d'un univers un peu trop chaud, où tout s'écraserait, où les formes touchées par une fluidité essentielle ne seraient plus que les instants d'un devenir. Cette fois, au contraire de ce qui se passait dans notre première hypothèse, c'est la division qui est la loi. Tout objet se dissout, se déforme, se segmente, sans fin. Le schème idéal, c'est l'eau qui coule, qui se divise aussi facilement qu'elle se rassemble, éclairant ainsi la parfaite réciprocité de l'analyse et de la synthèse. Devant un tel spectacle, comment poserions-nous le concept d'un *élément insécable* ? Ce ne serait qu'en contredisant une expérience effective, une observation générale évidente. Là encore seraient profondément troublées nos façons de séparer le réel et le possible. Pourtant, nous n'avons mis qu'une pauvre et simple supposition dans la constitution de notre utopie scientifique et voici que cette supposition modifie tout le possible et précipite, comme un réactif, une réalité toute nouvelle ! Dans un monde de pâtes et de liquides, il semble que le possible soit, si l'on ose dire, plus réel que la réalité immédiate ; car le possible, c'est alors tout le devenir, devenir rendu plus clair par son activité accrue ; au contraire, la réalité, ce n'est plus qu'une forme éphémère et accidentelle, une vue particulière dans un film. En accentuant par la pensée

21 la fluidité | des corps solides, nous pouvions croire que nous n'avions touché qu'une qualité matérielle ; nous nous apercevons finalement que nous avons troublé jusqu'aux catégories et aux formes les plus fondamentales de notre connaissance

puisque nous entrons dans un monde merveilleux où le temps aurait enfin la suprématie sur l'espace.

Ainsi, on peut border en quelque sorte le monde réel par deux mondes hypothétiques également faciles à imaginer : le premier où le solide est tout, le deuxième où le solide n'est rien. Or on voit tout de suite que dans ces deux mondes utopiques, l'atomisme ne trouve pas les éléments de sa première leçon puisque la division de la matière serait dans l'une des hypothèses une anomalie et dans l'autre une règle qui s'appliquerait sans fin. L'atomisme réaliste est bien sous la dépendance d'une intuition directe de la diversité matérielle. Nous avons essayé de montrer ailleurs avec quelle peine la pensée scientifique retrouve des genres et un ordre dans cette diversité immédiate [1]. Cette diversité doit être prise, par certains côtés, comme irréductible, si l'on veut réserver à l'atomisme toute sa valeur d'explication. C'est la raison pour laquelle nous venons de voir l'atomisme perdre immédiatement tout sens quand nous avons glissé dans le réel une cause d'uniformité hypothétique profonde. Le concept de poussière, intermédiaire entre le concept de solide et le concept de liquide, nous fournira au contraire une preuve suffisamment hétéroclite pour fonder l'atomisme.

| Naturellement, il ne s'agit encore là, comme nous 22 l'indiquions précédemment, que d'un argument négatif. Cet argument ne tend qu'à souligner la dépendance d'une philosophie atomistique avec les conditions empiriques très générales où se développe la pensée. Il nous faut aborder maintenant un examen plus positif et prendre les choses

---

1. Voir *Le pluralisme cohérent de la Chimie moderne*, Paris, Vrin, 1932.

comme elles sont, dans la multiplicité de leurs formes mais aussi dans la mobilité de leur déformation.

III

La thèse que nous allons soutenir, à la fois générale et complexe, va à l'encontre d'une théorie bergsonienne en ce sens qu'elle prétend compléter une thèse qui, par essence, ne devrait recevoir aucun complément. En effet, H. Bergson a entrepris de rapprocher nos habitudes intellectuelles fondamentales de notre expérience usuelle des solides. D'après lui, tout ce qu'il y a d'encadré, de catégorique, de conceptuel dans l'intelligence humaine procéderait des caractères géométriques d'un monde de solides. L'expérience des solides nous conduirait en quelque sorte à solidifier nos actions. La stabilité de l'objectif correspondait ainsi à la solidité des objets. Le solide seul aurait assez de caractères et seul il les tiendrait assez fortement pour représenter et soutenir la « ligne pointillée » qui dessine autour de ses formes notre action possible. Devant le schéma simple de nos actions ainsi géométrisées dans l'expérience du solide, tout le reste des phénomènes naturels ferait figure d'irrationalité.

H. Bergson a sûrement trouvé là une dominante de l'entendement. En particulier tout ce qui s'échange sociale-
23 ment s'exprime | dans le langage du solide. Aussi le substantif est pour ainsi dire défini extérieurement ; on peut le mettre dans toutes les phrases, comme on met un solide dans toutes les places. Sous sa forme logique, le langage correspond donc à une géométrie du solide bien défini. Mais c'est ici que nous demandons à prolonger la thèse bergsonienne : si le sens primitif de l'organisation intellectuelle et verbale est vraiment

l'utilisation immédiate des objets de l'expérience, comment retrancher de cette expérience usuelle des éléments également caractéristiques ? Comment oublier l'eau qui coule, l'huile silencieuse, le miel adhérent, les pâtes, les boues, les glaises, les poudres et les poussières ? Toutes choses qui reviennent vers le solide sans doute, mais qui en contredisent certains caractères primordiaux. Qu'on n'objecte pas que le solide, c'est la règle et que le liquide ou la poussière sont des exceptions ; car il est très remarquable que pour le principe de l'explication, les exceptions nettes et flagrantes entraînent la même valeur de conviction que les caractères généraux – curieuse dialectique qui vit des contraires et qui ne rejette des bases de l'explication pas d'autres éléments que les éléments mêlés et confus ! Scientifiquement même, les thèmes les plus fréquents de l'explication ne sont-ils pas le solide parfait sans déformation et le liquide parfait sans viscosité, c'est-à-dire deux éléments franchement exceptionnels ? Il faut en venir à une science physique très avancée pour trouver intérêt à des études des états mésomorphes. Mais d'un point de vue psychologique, le seul qui nous intéresse actuellement, ces études des états intermédiaires sont des études analytiques ; elles s'expriment à l'aide des états primitifs supposés comme simples. Réciproquement les états pris comme primitifs, | solide, liquide, pâte ou poussière, ne donnent pas lieu à des **24** *questions* ; ils fournissent des *réponses* directes de l'intuition. Ce sont les *éléments de l'explication naïve.* Par conséquent c'est toute la nature qui nous instruit et l'intelligence pénètre en nous par tous nos sens. C'est donc d'une intelligence ciné-matique qu'il faudra parler à côté de l'intelligence géomé-trique à laquelle H. Bergson donnait la primauté. Il faudra même y joindre une intelligence matérialiste. Finalement, on reconnaîtra que notre langage est, sinon par ses substantifs du moins par ses verbes, aussi bien tactile que visuel. Dès lors, une intuition plus objective de la matière nous conduira à un bergsonisme élargi à plusieurs points de vue. Pour nous, la déformation, même visuellement parlant, n'est pas comprise comme une simple perte de formes, car dès que nous réfléchissons sur le succès de nos actes, nous nous rendons compte qu'une déformation que nous imposons aux choses est toujours une information active. Il s'agit donc d'une prise de forme, prise souvent pénible, plutôt que d'une perte de forme. On en vient donc à vivre la déformation dans son aspect dynamique. Le concept de pénétrabilité, acquis par exemple dans la dure expérience manuelle du potier, se révèle comme primitif. Dès lors le solide impénétrable se présente comme une franche exception. Le pointillé qui l'entoure correspond seulement à notre action oisive, à une possibilité paresseuse, à une philosophie de l'immédiat. Si l'on veut rattacher *l'homo sapiens* à *l'homo faber*, on doit considérer ce dernier dans toutes ses actions. L'*homo faber* ajuste et pétrit ; il soude et il broie. Pour lui, certains corps se juxtaposent, d'autres corps se mêlent, d'autres se dispersent en poussière et en fumée. Les solides lui

25 donnent la | grande leçon des formes et des assemblages. C'est des liquides qu'il reçoit la leçon non moins féconde et non moins claire du devenir et des mélanges. C'est devant les phénomènes de la poussière, de la poudre et de la fumée qu'il apprend à méditer sur la structure fine et sur la puissance mystérieuse de l'infiniment petit ; dans cette voie il est sur le chemin d'une connaissance de l'impalpable et de l'invisible.

Voilà donc la primauté de l'explication par le solide compromise à la racine même de la connaissance vulgaire, sur le terrain des intuitions primitives. D'ailleurs, même dans l'hypothèse où ce problème de l'origine intuitive de la connaissance resterait en suspens, on doit pour le moins admettre que le caractère de solidité absolue attribué aux corps est un *caractère à rectifier* puisque les phénomènes mieux connus manifestent bientôt une dérogation à la qualité de solide parfait. La pensée est en réalité plutôt contemporaine de la déformation d'un corps que de la mise en relation géométrique de plusieurs corps. La thèse bergsonienne ne fixe donc qu'un point de départ, elle ne peut rendre compte de l'évolution complète de la pensée objective.

En résumé, soit par des suppositions utopiques, soit par des aperçus qui décrivent la matière dans la pluralité réelle de ses états, nous pensons avoir restitué à notre intuition le caractère flou et libre qu'entraîne la coopération de plusieurs sources sensorielles. Nous aurons dès lors plus de facilité pour rompre le lien qu'on établit toujours trop étroitement entre les principes de l'atomisme et les intuitions géométriques dérivées d'une contemplation des solides. Après cette préparation polémique, passons | à l'examen vraiment positif de notre thèse : 26 essayons de montrer que l'intuition des phénomènes de la poussière est bien à la base de l'atomisme naïf.

IV

Il convient d'abord de prendre comme un fait ce qui existe en fait. Or l'expérience que nous donnent les poudres et les poussières est loin d'être négligeable. Cette expérience est si particulière et si frappante qu'on peut parler d'un état *pulvérulent* exactement de la même manière qu'on parle des états solides, liquides gazeux et pâteux. En réalité, dans la science moderne, cet état pulvérulent pose toujours des problèmes *sui generis*. Par exemple, on reconnaît aux poudres une action chimique plus énergique. Cette puissance chimique de la poudre est due à une sorte de mise en surface. Les zones de transition et de contact donnent alors lieu à des phénomènes spéciaux ; des actions catalytiques apparaissent qui seraient sans portée avec une matière prise sous forme massive. C'est ainsi que Auguste Lumière fait remarquer que les échanges et réactions qui s'effectuent dans les tissus d'un homme adulte portent sur une surface de deux millions de mètres carrés. « Si minimes que soient les affinités des substances mises en contact à la périphérie des granules, on conçoit que la somme de toutes ces réactions élémentaires infimes puisse devenir considérable quand elles s'effectuent sur d'aussi grandes surfaces.[1] » On pourrait donc dire que, par la granulation, | la *surface* prend une véritable réalité substantielle. Elle cesse d'être géométrique pour être vraiment chimique.

Même d'un point de vue plus grossier, plus mécanique, les poudres se comportent d'une manière particulière ; les poussées qu'elles déterminent, leur mode d'écoulement conduisent à étudier avec soin les profils des vases qui les contiennent ou des parois le long desquelles elles doivent glisser. Mais on pourrait objecter que c'est là encore une technique nouvelle et fine. Plaçons-nous donc en face d'une intuition aussi fraîche que possible.

Nous devons d'abord noter l'attention amusée de l'enfant devant un sablier. Contemplons avec lui ce complexe d'exceptions ! La poudre est solide, mais elle coule ; elle tombe sans bruit. Les surfaces générales sont à la fois mobiles et stables. Des collines s'amassent ; des cratères se creusent au centre

---

1. A. Lumière, *Théorie colloïdale de la biologie et de la pathologie*, Paris, Étienne Chiron, 1922, p. 69.

desquels on voit le mouvement naître sans cause. Si maintenant on essaie de recomposer le phénomène d'ensemble à partir du mouvement des grains séparés, on s'émerveille de saisir une régularité et une mesure produites par la chute d'un corps proprement insignifiant et sans loi. Clepsydre paradoxale où le solide manifeste sa fluidité, le sablier donne sans doute la première mesure d'un temps bref. C'est le symbole facile d'une durée inutile.

Les poudres, les talcs, les farines, les cendres retiennent de même l'attention des alchimistes et des chimistes à toutes les époques du développement de la pensée préscientifique. Il semble qu'un corps broyé, en perdant une partie de son individualité, acquiert du même coup on ne sait quel caractère mystérieux : la poudre, c'est le soupçon du poison ; c'est l'essence qui, | suivant les doses, apporte le remède ou la mort ; 28 c'est une matière de sorciers.

Parfois c'est grâce à l'*uniformité* de la poussière qu'on croit pouvoir attribuer à la matière un rôle général. Ainsi un auteur de la fin du XVIIIe siècle rapprochera la poussière de la terre végétale. L'air, dit Deluc, travaille les matières terrestres « sans cesse et en mille manières. Son simple frottement sur tous les corps, enlève des particules si atténuées, que nous ne les en reconnaissons plus. La *poussière* de nos appartements en est peut-être un exemple. De quelque nature que soient les corps dont elle se détache, c'est une poudre grisâtre qui semble être partout la même. La formation de la *terre végétale* a probablement quelque rapport à celle-là. Toute la surface de la terre, les rocs les plus durs, les sables et les graviers les plus arides, les métaux mêmes, éprouvent l'action *rongeante* de l'air ; et leurs particules atténuées, décomposées, recomposées de mille manières, sont probablement la source principale de la végétation »[1]. Ainsi cette uniformité postulée à partir de notre impuissance à discerner des caractères spécifiques suffirait à expliquer que la poussière est propre à s'assimiler aux besoins végétaux les plus variés. Autrement dit, pas plus que l'activité sensorielle humaine, l'assimilation végétale ne discernerait des différences entre les grains de poussière. Il semble que les solides en diminuant d'échelle se simplifient substantiellement et deviennent ainsi des *éléments* aptes aux constructions les plus diverses. Ces particules, dit | encore Deluc, « extraites ou fixées par des procédés qui les rapprochent de leurs premiers éléments, et leur font prendre à nos yeux une même apparence… sont ainsi rendues propres à circuler dans les semences des plantes, à en étendre le tissu, à y prendre toutes les propriétés qui caractérisent chaque espèce, et à les conserver tant que la plante existe. Ces mêmes particules, après la destruction des plantes, prennent le caractère général de *terre végétale*, c'est-à-dire de provision toute faite pour la *végétation* »[2]. Soulignons aussi, en passant, l'idée paradoxale que la poussière, terme de toute destruction, est facilement posée comme indestructible. L'attribution de l'éternité à l'atome dans certains systèmes philosophiques n'a peut-être pas d'autre origine.

Il y a ainsi, à la base de notre intuition des poudres et des poussières, de très curieux jugements de valeur puisque les substances sous cette forme sont tour à tour considérées comme des déchets ou comme des matières à propriétés

1. J.-A. Deluc, *Lettres physiques et morales sur l'histoire de la terre et de l'homme*, Paris, V. Duchesne, 1780, t. II, p. 29.
2. *Ibid.*, p. 30.

exaltées. On va d'ailleurs de l'un à l'autre jugement avec étonnement. Par exemple, qui n'a pas été frappé en apprenant les essais nouveaux de la criminalistique ? Il faut tout le talent d'un Locard pour nous convaincre qu'une enquête judiciaire puisse être éclairée par des examens microscopiques. Nous avions été conduits, par un pragmatisme aussi grossier que négatif, à supposer tacitement la perte de l'individualité des substances réduites en poussière. Nous sommes donc très surpris quand on nous affirme l'individualité matérielle de l'infiniment petit. D'ailleurs, grâce à la | facile dialectique de 30 l'étonnement, nous sommes bientôt portés à nous étonner de notre surprise ; nous n'hésitons pas alors à exagérer l'individualité retrouvée et à postuler pour les grains matériels un ensemble de qualités plus caractéristiques que les aspects de la matière prise sous forme massive. Et c'est ainsi, comme nous le montrerons, que l'atomisme naïf accorde aux éléments des qualités qui n'apparaissent pas attachées aux solides usuels.

Au surplus, on pourrait saisir l'influence de ce jugement péjoratif souvent attaché à la poussière en évoquant certains états connexes tels que le *vermoulu*, le *rouillé* qui retiennent l'intuition aux stades préscientifiques. Le *vermoulu*, par exemple, sera à lui seul une explication et l'on n'hésitera pas au XVIIe siècle à croire à l'action d'un ver spécial qui attaquera les substances métalliques : la poussière de la rouille sera de même sorte que la poussière d'un bois vermoulu. Une *table de présence* pourra réunir les deux phénomènes et en donner une explication baconienne suffisante à une connaissance qui se borne à rapprocher deux intuitions.

Dans cette voie, qu'on passe ensuite à la généralisation et l'on va comprendre qu'un des grands arguments de l'atomisme, sans cesse répété par les écoles diverses, corresponde à l'usure des corps les plus durs : les portes de bronze du temple se creusent sous le faible contact des mains des fidèles. L'atome est alors un solide usé. Après un long succès de l'effort créateur, tout retourne au chaos des atomes dissociés et mêlés. Ce thème de l'usure générale des choses, de la destruction des formes associées, du mélange amorphe des substances diverses, il est à la base de nombreuses | philosophies matérialistes qui adaptent ainsi leur pessimisme à une sorte de déclin esthétique du Cosmos.

31

On peut prendre encore la question par un autre biais. Si la poussière et la poudre ont une valeur d'explication directe, on sera amené à donner à l'opération physique de la pulvérisation des corps solides la valeur d'une opération vraiment fondamentale. On n'hésitera pas dès lors à expliquer des phénomènes physiques compliqués en fonction de l'idée de pulvérisation qui jouera le rôle d'une *idée simple*. C'est ainsi que H. Metzger caractérise très justement la psychologie d'un chimiste du XVIIe siècle : « Comme tout amateur de pharmacie (Arnaud) (1656) a broyé les corps durs dans un mortier ; et il croit que toutes les opérations de chimie ont quelque rapport avec celle-là, qu'elles sont plus fines ou plus grossières, mais enfin que tout l'art du chimiste se ramène en dernière analyse à la mécanique de la pulvérisation.[1] ». C'est la pulvérisation qui est l'idée claire et primitive, c'est donc à elle qu'on doit ramener toutes les réactions chimiques : « Qu'est-ce que la calcination ? C'est, nous ont répondu les chimistes du XVIIe siècle, une opération qui consiste à pulvériser différents corps par l'action du feu, soit par l'action du feu actuel de la flamme,

---

1. H. Metzger, *Les doctrines chimiques en France du début du XVIIe à la fin du XVIIIe siècle*, Paris, P.U.F., 1923, p. 61.

soit par l'action du feu potentiel contenu dans les acides et autres substances corrosives.[1] ». On lit encore dans l'*Encyclopédie* (article : pulvérisation). « La calcination, soit par le feu, soit par le secours du nitre et la sublimation en | fleurs, sont 32 encore, quant à leurs effets, des espèces de pulvérisations. » On voit donc bien que pendant plusieurs siècles, la pulvérisation des substances n'a pas été un simple moyen opératoire, mais que, dans l'esprit des chimistes, elle a eu la valeur d'un schème fondamental de la pensée.

V

Jusqu'ici, nous avons observé les poudres et les poussières plutôt dans leur aspect diminué ou tout au moins immobile et inerte. Mais c'est lorsqu'on en vient à la poussière impalpable et légère qui s'agite et tremble dans un rayon de soleil qu'on saisit vraiment l'intuition maîtresse de l'atomisme naïf. C'est là un spectacle souvent contemplé dans nos rêveries. Il est susceptible de libérer notre pensée des lois banales qui régissent l'expérience active et utilitaire ; il contredit en quelque sorte cette expérience volontaire et nous conduit à rompre le lien établi par la philosophie bergsonienne entre nos actions et nos concepts. Les réflexions qui naissent devant ce spectacle ont immédiatement le ton de la spéculation ; elles font facilement office de réflexions savantes puisqu'elles expliquent le général par le rare et le spécial, ce qui est une méthode plus souvent utilisée qu'on ne pourrait le croire à première vue.

1. *Ibid.*, p. 372.

C'est précisément tout l'ensemble des dérogations aux lois usuelles qui, en se manifestant dans le jeu aérien de la poussière, rend son intuition si opportune. Le grain de poussière en particulier déroge à la loi générale de la pesanteur. Pour une intuition vraiment primitive, est-il besoin de le remarquer, 33 il flotte dans le | *vide* ; il suit sa fantaisie. Sans doute, il obéit au souffle, mais avec quelle liberté ! Il illustre le *clinamen*.

Par la prodigalité des couleurs et des irisations, le grain de poussière qui danse dans la lumière illustre aussi la multiplicité des propriétés d'un objet isolé. A bien le contempler on croit comprendre que l'élément, simple dans sa substance, peut être composé dans ses attributs et ses modes.

Mais la valeur dominante d'explication attachée au grain de poussière, son véritable sens métaphysique, c'est sans doute que ce grain de poussière réalise une synthèse des contraires : il est impalpable et il est cependant visible. Étrange objet qui ne touche qu'un sens ! qui se présente dans une sorte d'abstraction naturelle, d'abstraction objective !

Mais allons plus loin : dans cette expérience, c'est l'invisible qui devient visible. En effet, tant que la lumière réfléchie et diffuse emplit la chambre d'une clarté unie, la chambre est vide, la poussière est invisible. Vienne un rayon net et géométrique et immédiatement ce rayon de lumière révèle un monde inconnu. Voilà vraiment l'expérience première de l'atomisme ; c'est là que la métaphysique atomistique touche la physique élémentaire de l'atome ; c'est là que la pensée spéculative trouve un appui sur une intuition immédiate. Désormais, en effet, on peut se reconnaître le droit de postuler la matière au delà des sensations puisque l'expérience vient en quelque sorte de nous montrer l'invisible. On postule donc l'atome de la matière dans l'au-delà de l'expérience sensible. On est prêt à parler de l'atome de l'odeur, de l'atome du son, de 34 l'atome de la lumière puisqu'on vient de | *voir*, dans une expérience heureuse et exceptionnelle, l'atome impalpable du *tact*.

Cette matière déliée et libre pourra obéir aux impulsions de l'âme ; elle pourra être l'esprit lui-même. C'est ce que nous rappelle L. Robin : « Aristote, qui ne nomme pas les Pythagoriciens quand il parle de l'âme-harmonie, ne leur attribue expressément que deux opinions : d'après l'une, dont il ne manque pas de signaler les rapports avec l'atomisme, l'âme, ce sont les poussières qui voltigent dans l'air, et qu'un rayon de soleil nous fait apercevoir, perpétuellement mobiles même par le temps le plus calme ; d'après l'autre, elle serait le principe de leur mouvement. [1] ». Dans les deux cas, il y aurait donc une correspondance entre les principes de l'âme et les principes de la matière. Les atomes de l'âme, nous dit encore É. Bréhier, en interprétant la même intuition, sont en nombre égal à ceux du corps et se juxtaposent à eux en alternant un à un avec eux ; ils sont continuellement rénovés par la respiration[2]. Comment alors ne pas songer que les souffles de la vie se dessinent, pour la pensée primitive, dans le nuage de l'haleine ; comment ne pas rattacher l'intuition de l'esprit à l'observation de la lumière animée par les atomes qui peuplent l'infini.

Du côté animiste on peut donc saisir une sorte de passage à la limite qui permet de transcender la matière. Mais d'une façon plus générale et plus matérielle, c'est précisément là que réside | l'utilité épistémologique de l'observation de la 35 poussière : cette observation prépare et légitime un *passage à la limite*. C'est de cette manière que Descartes se sert de cette intuition dans son livre sur les météores. A propos des vapeurs et des exhalaisons, il fait remarquer que les grains de poussière

---

1. L. Robin, *La pensée grecque et les origines de l'esprit scientifique*, Paris, Albin Michel, 1923, p. 82. *Cf.* p. 145.
2. É. Bréhier, *Histoire de la philosophie*, t. I, Paris, Librairie Félix Alcan, 1928, p. 80 ; (Paris, P.U.F., 2012). M. Bréhier renvoie à *Lucrèce*, I, 370.

sont beaucoup plus gros et plus pesants que les petites parties
dont sont constituées les vapeurs ; néanmoins, ajoute-t-il, « ils
ne laissent pas pour cela de prendre leur cours vers le ciel »[1].
On saisit bien là la force d'exemple des phénomènes contem-
plés dans un rayon de lumière. Ce que la poussière peut faire,
comment l'atome ou la matière subtile de l'exhalaison ne le
pourrait-il pas ? Si la poussière arrive à échapper à la pesanteur,
comment l'atome ne trouverait-il pas son indépendance ? Si
l'expérience de la poussière est encore grossière, il suffit de
passer à la limite et l'on atteindra, par la pensée, une physique
atomique qui donnera l'impression d'être rationnelle tout en
gardant une base expérimentale. Voilà en somme le processus
des arguments qui continue l'intuition première et qui fonde
l'atomisme philosophique comme une doctrine à la fois
rationnelle et empirique.

VI

En relation avec l'intuition de la poussière, il faudrait
encore étudier l'intuition du vide, car il n'est pas difficile de
montrer que c'est aussi une intuition bien positive. En effet, à
lire les philosophes grecs, on se convainc que toute la polémi-
36 que à propos du | vide revient à aider ou à combattre l'intuition.
Mais de toute manière, on rencontre d'abord cette intuition
première et le vide pose des problèmes, du point de vue métaphysique, par le fait même que du point de vue psychologique,
il ne soulève aucun problème. Une telle allure polémique est
fort propre à prouver que le vide et la poussière sont vraiment
des données expérimentales immédiates et importantes.

---

1. Descartes, *O. C.*, éd. Adam-Tannery, t. VI, p. 240.

Cet aspect essentiellement dérivé du problème métaphysique du vide est si net que ce problème est parfois posé d'une manière toute métaphorique et même verbale. On lit par exemple dans Aristote : « A en croire les Pythagoriciens, le vide se trouve primitivement dans les nombres ; car c'est le vide qui détermine leur nature propre et abstraite. »[1].

Tous les arguments contre le vide sont d'ailleurs intéressants pour notre point de vue en ce sens qu'ils soulignent la puissance de l'intuition première qu'on transporte dans les domaines les plus variés. Ainsi pour Platon et Aristote, il s'agit de lutter contre la conception d'un vide qui serait un facteur d'anéantissement général, qui apporterait dans toute substance la contagion de son néant. Ils arguent en effet que dans le vide, les corps perdraient leurs propriétés spécifiques. Par exemple, à l'égard du mouvement, le vide effacerait les propriétés dynamiques particulières. C'est ainsi qu'Aristote arrive à conclure que « tous les corps auraient dans le vide la même vitesse, et ce n'est pas | admissible »[2] puisque le vide 37 enlèverait en fait au mouvement sa caractéristique aristotélicienne fondamentale qu'est la vitesse. D'ailleurs, d'une manière plus générale, les propriétés des corps sont, comme on le sait, dans la physique aristotélicienne entièrement relatives au milieu où se trouvent ces corps. Une propriété particulière est plus que *localisée*, elle est vraiment *locale*. Il faut donc que les attributs de la substance soient en quelque sorte forcés de rester au lieu naturel de la substance. Faute de quoi, la substance ne pourrait pas vraiment retenir ses attributs qui

---

1. Aristote, *Physique*, liv. IV, chap. VIII § 9, trad. fr. B. Saint-Hilaire, p. 191 ; [Paris, Vrin, trad. fr. A. Stevens, 2012].
2. *Ibid.*, liv. IV, chap. IX § 18.

subiraient une sorte d'évaporation métaphysique. Finalement la dialectique aristotélicienne est amenée à remplacer le vide intuitif par un espace sinon réel du moins nécessaire pour assurer aux objets leurs qualités réelles. On veut bien que l'espace soit vide de substance, mais il faut qu'il garde un rapport aux substances qu'il contient, il faut qu'il *réalise* le minimum nécessaire à l'application du principe de raison suffisante. Ce point de vue est très clairement résumé par L. Robin : « Quelle raison y aurait-il en effet, le lieu étant dépourvu de toute propriété locale naturelle, qu'un corps se mût dans une direction quelconque ? Comment expliquerait-on en outre cette accélération de son mouvement, qui se manifeste au contraire au voisinage de son *lieu naturel* ? »[1]. Mais au fond en réalisant des nécessités rationnelles on n'a empli l'espace qu'avec des raisons et il faudra bien faire réapparaître les caractères livrés par l'intuition immédiate du vide. Ainsi Barthélemy Saint-Hilaire souligne le caractère dialectique des propriétés attribuées à l'espace et aux corps par 38 | Aristote. La matière qui emplit l'espace, dit-il, « n'est point telle qu'elle puisse opposer le moindre obstacle au mouvement, et le mouvement s'y passe avec une si constante et si parfaite régularité qu'évidemment rien ne le trouble ni ne le gêne »[2]. Mais alors qui ne voit que poser le plein métaphysique revient à lui attribuer tous les caractères du vide intuitif. Le plein a même pour unique fonction de garder aux choses leurs propriétés, de coller en quelque sorte les attributs sur les atomes. On a plutôt enrichi qu'appauvri l'intuition première ; cette intuition reste entière. Une fois de plus, la métaphysique a

1. Aristote, *Physique*, *op. cit.*, p. 337.
2. B. Saint-Hilaire, Préface à la *Physique* d'Aristote, *op. cit.*, p. XIV.

retrouvé ce qu'elle avait volontairement perdu. Après un long détour, il faut en arriver à conclure que l'espace n'est pas un milieu physique comme les autres, qu'il ne gêne ni ne produit le mouvement, qu'il laisse indéterminées toutes les raisons de prévision des phénomènes qu'il contient. Le plein métaphysique reste un vide physique.

Si le lecteur hésite à nous suivre dans cette affirmation du caractère persistant de l'intuition première du vide, nous tenons en réserve un argument qui répond d'ailleurs à une objection toute naturelle.

En effet, on n'a sans doute pas manqué d'objecter qu'en fait l'expérience du *vide*, pour les anciens comme pour la connaissance vulgaire, est manifestement erronée puisque toutes les expériences physiques primitives sont exécutées dans l'air, avec une méconnaissance presque totale des phénomènes propres à l'état gazeux. On devrait donc concéder que l'intuition directe du vide correspond en réalité à l'expérience d'un état physique bien déterminé | en soi, quoique mal connu. 39 Mais l'erreur de la pensée et de l'expression n'a rien à voir avec la vérité de l'intuition. Ce qui doit être appelé l'intuition sensible du vide est bien lié à une observation toute positive.

Essayons de préciser les caractères expérimentaux de cette intuition. Pour les anciens, l'air, c'était toujours le vent. Dans l'expérience commune, si l'air est immobile, il perd en quelque manière son existence. Le vent est toujours une force d'ensemble. C'est pourquoi les mouvements désordonnés de la poussière dans un rayon de soleil ne sont pas mis au compte du vent. Ces mouvements représentent là encore un état exceptionnel et par une sorte de dialectique, ils manifestent le *vide* ambiant comme un autre état exceptionnel. L'air immobile, c'est donc là le vide intuitif. Il n'a aucune action ; il n'est le signe de rien, la cause évidente de rien. Par conséquent, en prenant l'expérience du milieu aérien telle qu'elle se présente tout d'abord sous son aspect général et simple, on doit reconnaître que cette expérience est fort propre à donner un substitut correct du vide. Finalement, on ne peut pas arguer de l'erreur scientifique de l'intuition pour ruiner la force et la clarté de l'intuition.

Cette clarté immédiate et durable explique le trouble apporté par les premières expériences scientifiques après la découverte de la machine pneumatique. En suivant ces expériences dans le courant du XVIIᵉ et du XVIIIᵉ siècle, on saisit le passage d'une idée absolue, claire, à une idée relative, confuse. Ce passage a été psychologiquement difficile et cette idée d'un vide *relatif*, qui nous est si familière, a été longtemps une idée difficile à analyser.

40 | On prit d'abord ce vide relatif comme essentiellement artificiel. Pendant fort longtemps on l'a désigné comme le vide de Boyle, du nom du physicien anglais qui multiplia les expériences. C'était un état technique aussi nouveau dans ses propriétés que pût le paraître le radium au début du XXᵉ siècle. On en jugeait comme d'un état paradoxal et l'on amassait les observations étonnantes, merveilleuses, fabuleuses. Pour ne donner qu'un exemple caractéristique, citons la prétention de distinguer entre les propriétés du vide quand on enlève l'air dans une fiole cubique ou dans une fiole sphérique. Sous l'action de la machine pneumatique, la première se briserait, la deuxième résisterait [1].

1. Cette observation est encore relatée dans l'*Encyclopédie* de Diderot et d'Alembert, Art. *Vuide*, dernière colonne.

C'est très lentement que des intuitions plus savantes, appuyées sur l'image de la raréfaction, développées dans des conceptions statistiques ont pu servir enfin à suivre le détail des expériences. Elles ont pénétré très profondément dans la culture de notre époque. Nous devons les oublier pour apprécier le jeu des données intuitives primitives.

En résumé, l'atomisme est de prime abord une doctrine d'inspiration visuelle. À l'air ambiant, correspond un vide de la sensation optique. On ne peut saisir les caractères matériels des gaz que dans une expérimentation savante, avec des moyens techniques difficiles à mettre en œuvre. Les caractères optiques gardent donc une sorte de valeur naturelle d'explication. La poussière et le vide saisis dans un même regard illustrent vraiment la première leçon de l'atomisme.

L'ATOMISME RÉALISTE

I

Aux intuitions faciles et claires qui viennent soutenir de prime abord les doctrines atomistiques, il faut joindre pour expliquer le succès pédagogique de ces doctrines l'aide d'une métaphysique également simple et directe. C'est la métaphysique réaliste. On comprend en effet que le réalisme se présentera sous un jour d'autant plus net qu'il correspondra à un objet mieux défini. L'atome bien isolé dans le vide, assuré de l'immutabilité de ses caractères, est facilement pris comme l'archétype de l'objet indépendant et immuable.

Cependant cette position réaliste qui sera, dans le cours de l'évolution des systèmes, une position particulièrement solide n'est pas, semble-t-il, une doctrine métaphysique initiale, du moins en ce qui concerne la philosophie classique. Les historiens de la philosophie grecque s'accordent en effet pour établir que l'atomisme de Leucippe et de Démocrite dérive de

l'école éléatique. L'*être* aurait été saisi par la méditation
métaphysique d'abord dans son unité transcendante. Le mérite
42 de Leucippe et de Démocrite est | précisément de réserver une
certaine unité à l'être tout en le morcelant et en le dispersant
dans l'espace. Sans doute Démocrite accepte le vide, mais pour
lui le vide ne pénètre pas au principe de l'être. Ce point est mis
en lumière dans une page pénétrante de Léon Robin : « La
filiation, qui unit probablement en fait l'école abdéritaine à
l'éléatisme, est attestée, entre les doctrines, par Aristote et avec
autant de précision que de force.[1] ». Les Éléates, dit-il en substance, avaient, au mépris des faits et *au risque de toucher à la
démence*, proclamé l'unité et l'immobilité absolues de l'Être.
Leucippe se garde de leur ivresse logique, il fait des conces-
sions à l'expérience sensible, il veut sauver la pluralité et le
mouvement, la génération et le devenir. Mais d'un autre côté il
concède aux Éléates, et que l'Être véritable est exempt de vide,
et que, sans le vide il n'y a pas de mouvement. Il faut donc,
puisque la réalité du mouvement est admise, que le vide
constitue, en face de l'Être, un Non-Être aussi réel que lui ;
puisque la pluralité est admise, qu'elle existe dans le non-être
du vide, et non dans l'Être, duquel elle ne pourrait sortir. Ainsi
l'Être est à ses yeux une multiplicité infinie de masses, qui sont
invisibles en raison de leur petitesse. Elles se meuvent dans le
vide. Quand elles entrent en contact, elles ne font pas une unité,
mais c'est par ces rencontres que, en s'unissant, elles produisent la génération, en se séparant, la corruption. Par
conséquent, Leucippe et, avec lui, Démocrite ont *monnayé*
43 l'Être éléatique, en tant que corps homogène, en un | nombre

1. L. Robin, *La Pensée grecque et les origines de l'esprit scientifique*,
op. cit., p. 136.

infini de coupures pleines et *solides, corps indivisibles, masses atomes.*» Mabilleau écrivait de même : «Leucippe suppose Parménide[1]».

On peut dire, pour employer l'heureuse expression de L. Robin, que, dans le monnayage de l'Être éléatique par Leucippe et Démocrite, la valeur logique est d'abord entièrement conservée, car l'atomisme métaphysique primitif traite en somme le sujet logique d'un jugement singulier de là même manière que l'éléatisme traite le sujet logique d'un jugement universel. On va ainsi de l'Être pris dans son unité absolue à des objets spéciaux qui seraient assurés de garder leur unité individuelle. Dans cette déduction métaphysique, l'atome est donc considéré comme unité logique avant d'être pris comme unité matérielle. Cela explique la *simplicité* toute logique, toute pure de l'atome démocritéen.

Mais si l'atome est si logiquement et si radicalement simple, il faudra que tous les atomes soient identiques. Tout ce qui pourrait les différencier devrait être cherché dans des relations où jouerait une contingence incompréhensible pour la pensée éléatique. L. Robin montre nettement la nécessité métaphysique de l'identité des atomes.

> Les atomes étant l'étendue pleine répétée à un nombre infini d'exemplaires, toute propriété qui n'est pas contenue dans cette essence fondamentale de l'Être sera, en vertu de la méthode éléatique, exclue des atomes. Ils ont donc tous la même nature, sans aucune diversité qualitative, | tout comme **44** l'Être des Éléates ; ils ne peuvent pas plus être changés qualitativement qu'ils ne peuvent être divisés, de sorte qu'ils

---

1. L. Mabilleau, *Histoire de la Philosophie atomistique*, *op. cit.*, p. 39.

sont doublement impassibles ; le Non-Être ne pouvant donner naissance à l'Être, ils sont inengendrés, donc impérissables [1].

II

A méditer ce passage de l'éléatisme à l'atomisme, on pourrait donc croire que la réflexion métaphysique est suffisante pour faire sortir les doctrines des doctrines ; mais venons à une question d'ordre pédagogique, d'ordre subalterne si l'on veut, qui nous éclairera par la suite sur la filiation réelle des doctrines métaphysiques : sous quelle impulsion, l'idée du morcellement de l'Être éléatique est-elle venue à l'esprit du métaphysicien ? Il n'est pas douteux que ce soit sous l'impulsion des intuitions sensibles. Il n'y a en effet aucune raison interne de sortir de la pensée éléate dès qu'on en a compris la pureté. On ne peut venir à l'atome que pour des raisons expérimentales.

Mais comment cantonner l'expérience dans un simple rôle d'occasionnalisme métaphysique ? Fatalement les intuitions sensibles devaient propager leur influence de proche en proche dans toute la philosophie de la matière. Une avenue inductive continuait la voie étroite de la déduction logique. Un réalisme envahissant succéda donc à l'ontologie logique de Leucippe. Comme nous l'avons indiqué dans notre introduction, Épicure établit en quelque sorte *un atomisme naïf en partant d'un atomisme savant*.

D'ailleurs en admettant même que le processus de pensée
45 qui | conduit à morceler l'Être s'engage logiquement, n'est-ce pas l'expérience qui suggère d'arrêter ce morcelage sur un

---

1. L. Robin, *La pensée grecque*, *op. cit.*, p. 137.

terme ultime. C'est ce que Mabilleau a très bien vu : L'indivisibilité de l'atome démocritéen « est physique et non mathématique, et ... elle est plutôt induite de l'expérience que déduite d'un théorème » [1].

Mais alors cette pensée facile, cette intuition qui concilie la géométrie et la physique, cette philosophie peu soucieuse de séparer la logique et l'expérience, cette doctrine plus à son aise dans un air de vraisemblance que dans une atmosphère de vérité, voilà vraiment un atomisme fait pour traverser les âges, pour renaître à la suite de philosophies diverses, pour s'adapter aux connaissances scientifiques dans les différents stades de leur progrès. Grâce au miracle grec, cet atomisme naïf n'est pas chronologiquement premier. Il reste cependant primitif. En dressant notre tableau des possibilités de la pensée atomistique, nous ne devons donc pas hésiter à renverser le plan historique et à prendre comme type l'atomisme le plus substantialiste.

Considérons donc l'atome le plus chargé de substance, le plus riche en qualités. En effet, si l'atome reçoit les qualités les plus diverses, il apparaît, par principe, comme un moyen de synthèse facile. On s'aperçoit qu'il est plus aisé à comprendre que bien d'autres éléments. C'est donc bien lui qui, psychologiquement parlant, est le premier. Nous l'appellerons *l'atome du réalisme interne* pour le distinguer d'un élément d'une philosophie atomistique qui ne suit pas toutes les séductions du réalisme | naïf. Nous appellerons cette dernière philosophie 46 *l'atomisme réaliste externe*. Nous verrons que ce dernier atomisme, à l'encontre du premier qui est tout affirmatif, s'appuie sur des négations nombreuses. Mais cette distinction

1. L. Mabilleau, *Histoire de la Philosophie atomistique*, *op. cit.*, p. 189.

s'éclairera à l'usage. Essayons donc de caractériser maintenant la pensée substantialiste « monnayée », dispersée, multipliée dans les diverses sortes d'atomes.

III

Disons tout de suite que le réalisme en général est la moins évolutive des philosophies parce qu'il est le plus simple des systèmes. Il explique tout à l'aide d'une seule fonction épistémologique : la référence directe de la qualité à la substance. Une fois affirmé qu'un corps *possède* telle ou telle propriété, toute question ultérieure passe pour inutile ou du moins dérivée. Il semblerait que dans une telle philosophie on puisse trouver une discrimination immédiate entre ce qu'il y a de réel dans le phénomène et ce qu'il y a d'illusoire ! Ainsi, les divers problèmes de la composition substantielle ou phénoménale que nous étudierons dans le chapitre suivant auraient le double caractère d'être dérivés et par certains côtés frappés d'erreur dès leur énoncé. La vraie métaphysique, la vraie science ne résideraient pas dans ces problèmes de la composition, elles résideraient dans la découverte du seul lien réel, de la seule fonction épistémologique décisive et première, encore et toujours dans *la liaison* d'une substance particulière à ses qualités, ou inversement dans la mise en rapport des qualités phénoménales aux qualités substantielles. C'est à cet idéal, à
47 peine discuté, qu'aboutira Mabilleau dans les | dernières pages de son livre sur l'atomisme. « Le progrès de la science consiste à relier les manifestations externes de la matière à sa constitution interne, de manière à établir, par la dépendance

des deux ordres, l'unité de la loi sans laquelle il n'est point d'explication véritable. [1] » Ainsi on pose comme possible et même comme clair la dépendance entre un ordre d'entités profondes, cachées, substantielles et un ordre de qualités apparentes et visibles. Il semble à lire une affirmation comme celle de Mabilleau que la fonction épistémologique que nous appellerons pour être bref la *fonction réaliste* corresponde à une idée qui va de soi : elle relierait par un lien, suffisant pour tout prouver, l'interne de la substance aux manifestations du phénomène. Le réalisme ne s'en tiendrait donc pas à une affirmation de la réalité du phénomène, mais il se renforcerait d'une affirmation de la réalité de la substance. Nous verrons avec quelle tranquillité l'atomisme se fonde sur ce réalisme redoublé.

Mais alors on peut poser une objection métaphysique que présente en termes excellents Hannequin.

> On ne peut en effet donner à la substance la haute main sur ses modes qu'à une seule condition : c'est qu'ils sortent d'elle-même : c'est donc qu'elle les déroule au gré de sa puissance, qu'elle les produise et qu'elle les crée. Mais qui limitera sa puissance créatrice ? Qui la dirigera ? Qui obligera cet absolu, dans ce qu'on appelle des circonstances rigoureusement semblables, à dérouler deux fois des modes identiques ? Et même que peuvent être pour la substance, | et pour ce **48** qui dépend de soi et ne dépend que de soi sous peine de n'être point substance, des circonstances, des occasions, des conditions extérieures à elle-même ? [2]

---

1. L. Mabilleau, *Histoire de la Philosophie atomistique*, *op. cit.*, p. 534.
2. A. Hannequin, *Essai critique sur l'hypothèse des atomes dans la science contemporaine*, Paris, G. Masson, 1895, p. 245.

Pourquoi en effet ne mettrions-nous pas toute la diversité au compte de la substance ? Comment des circonstances influeraient-elles sur la substance si la substance ne contient pas, dans ses attributs même, l'occasion de cette influence ? Finalement, si la substance suffit à expliquer une qualité, elle doit expliquer toutes les qualités. Peu à peu, dans cette voie, on arrive fatalement à l'explication par l'individu. Et ainsi d'affirmations en affirmations, le réalisme, parti d'un Cosmos opposé à la pensée, devient « chosiste » ; de chosiste il devient atomiste, car l'atome c'est la chose vraiment chose qui résiste à l'analyse par une position complètement et définitivement objective. Autrement dit, pour la pensée réaliste, le réel ne peut rester sous la dépendance de notre morcelage ; il faut donc que le morcelage trouve son terme. C'est à cette seule condition que le réel peut être défini en dehors de notre action sur le phénomène. Si la division était indéfinie, la substance serait un véritable phénomène puisqu'elle se traduirait sans cesse dans l'illusion d'une composition. Si au contraire l'unité de la Réalité était infrangible, la Réalité serait bien près de n'être que l'idée d'une réalité. C'est dans une situation intermédiaire que la substance et la réalité se confirment l'une l'autre. Fatalement, une philosophie réaliste doit devenir un atomisme réaliste. *L'atomisme, c'est le matérialisme précis.*

Il nous semble dès lors très important de souligner, au niveau même de l'atome, le développement ou plutôt l'étale-
49 ment du réalisme. | L'atome qui, en s'en tenant à sa fonction épistémologique primitive, ne devrait fournir que des raisons pour expliquer la composition des phénomènes, reçoit vraiment, comme des qualités intimes, tous les traits du phéno-mène. Les exemples viennent immédiatement à l'esprit du lecteur :

Remarque-t-on que les choses prises au niveau de notre expérience manifestent une cohésion qui est, tout bien considéré, le phénomène le plus évidemment hostile à l'intuition atomistique ? Aussitôt, on attribue à l'atome des crochets qui lui permettront de se fixer à d'autres atomes en faisant passer d'ailleurs la cohésion interatomique dans le domaine intra-atomique, qui se voit du même coup pourvu d'une cohésion essentielle. Ainsi, d'une part l'atome reçoit deux qualités presque contraires : il est isolé et il s'attache ; d'autre part, la qualité phénoménale à expliquer devient une qualité substantielle qui n'a plus besoin d'explication puisqu'elle se pose sous le signe du réalisme. Au surplus, si l'on se rend compte de ce qu'il y a de naïf dans cette image des atomes accrochés, on se borne à dire, avec la science moderne, que l'atome a des affinités. Mais ce réalisme plus sourd n'est pas plus démonstratif. Au fond sous le mot vague d'affinité subsiste l'intuition des liens interatomiques. Le seul fait que la multiplicité des liens ne donne pas une mesure de la solidité de la molécule prouve combien l'intuition de l'affinité est obscure et trompeuse. En effet, dans les chaînes qui illustrent la structure des corps organiques, ce n'est pas toujours où se trouve une double liaison que la molécule est le plus solide.

Mais dans ces problèmes de la cohésion, il semble qu'un effort déductif masque la retraite vers le réalisme. Où le réalisme se présente | avec son caractère le plus vain, c'est sans **50** doute à propos des intuitions les plus près de la sensation. En effet, tout au long de l'évolution des doctrines, on n'hésite pas à transporter sur l'atome toutes les données de la sensation. Dans leur individualité triomphante, les atomes seront amenés par exemple à expliquer directement les saveurs, les odeurs, les couleurs. Souvent cependant, la philosophie atomistique aura un scrupule. On envisagera alors la propriété sensible comme une sorte de relation de l'atome à l'organe des sens ; on inventera un ajustement géométrique entre les pores de l'organe et la forme de l'atome pour expliquer le doux, le sucré, l'amer[1]. Mais parfois l'attribution de la qualité sensible à l'atome sera plus directe ; elle sera rapide comme une métaphore ou une synonymie : ainsi l'atome de froid aura des pointes pour rendre raison du froid «piquant» ; un atome pourvu d'aspérités sera chargé d'expliquer l'âpreté d'une saveur. La pensée préscientifique se contente du jeu des doublets linguistiques.

Mais pour bien montrer ce qu'il y a de direct dans les intuitions fondamentales de l'atomisme, citons une page où le chimiste Lémery expose les preuves de sa conception des particules acides et alcalines. Duhem, auquel nous empruntons cette citation[2], remarque fort justement la parenté de la théorie de Lémery avec la philosophie d'Épicure et de Lucrèce. Mais, encore une fois, c'est une intuition immédiate, et non une
51 tradition philosophique | qui est à la base des conceptions de Lémery : «Comme on ne peut pas mieux expliquer la nature d'une chose aussi cachée que l'est celle d'un sel, qu'en attribuant aux parties qui la composent des figures qui correspondent à tous les effets qu'il produit, je dirai que l'acidité d'une liqueur consiste dans des parties de sel pointues, lesquelles sont en agitation ; et je ne crois pas que l'on me conteste que l'acide n'ait des pointes, puisque toutes les expériences le montrent ; il ne faut que le goûter pour tomber dans ce sentiment ; car il fait des picotements sur la langue semblables

---

1. Voir par exemple P. Gassendi, *Syntagma philosophicum*, 1658, l. V, c. IX, X et XI.
2. P. Duhem, *Le mixte et la combinaison chimique : essai sur l'évolution d'une idée*, Paris, C. Naud, 1902, p. 20-21.

ou fort approchants de ceux que l'on recevrait de quelque matière taillée en pointes très fines ; mais une preuve démonstrative et convaincante que l'acide est composé de parties pointues, c'est que non seulement tous les acides se cristallisent en pointes, mais toutes les dissolutions de matières différentes, faites par les liqueurs acides, prennent cette figure dans leur cristallisation. Ces cristaux sont composés de pointes différentes en longueur et en grosseur les unes des autres et il faut attribuer cette diversité aux pointes plus ou moins aiguës des différentes sortes d'acides.

C'est aussi cette différence en subtilité de pointes qui fait qu'un acide pénètre et dissout bien un mixte qu'un autre ne peut raréfier : ainsi le vinaigre s'empreint du plomb que les eaux-fortes ne peuvent dissoudre ; l'eau-forte dissout le mercure et le vinaigre ne le peut pénétrer ; et ainsi du reste.

Pour ce qui est des alkalis, on les reconnaît quand on verse de l'acide dessus, car aussitôt, ou peu de temps après, il se fait une effervescence violente, qui dure jusqu'à ce que l'acide ne trouve plus de corps à raréfier. Cet effet peut faire raisonnablement | conjecturer que l'alkali est une matière composée de 52 parties raides et cassantes, dont les pores sont figurés de telle façon que les pointes acides y étant entrées, elles brisent et écartent tout ce qui s'oppose à leur mouvement …

Il y a autant de différents sels alkalis, comme il y a de ces matières qui ont des pores différents, et c'est la raison pourquoi un acide fera fermenter une matière, et n'en pourra pas faire fermenter une autre ; car il faut qu'il y ait de la proportion entre les pointes acides et les pores de l'alkali[1].

---

1. Nicolas Lémery, *Cours de chymie*, contenant la mainère de faire des opérations qui sont en usage dans la médecine, par une méthode facile …,

Si nous citons cette longue page, c'est qu'elle illustre bien, croyons-nous, le passage pur et simple de la qualité phéno-ménale à la propriété atomique. Il est très frappant en parti-culier qu'on puisse donner, comme preuve des pointes des corpuscules invisibles, les « pointes » formées par les cristaux ; qu'on puisse postuler des pores dans les alcalis, simplement pour recevoir les pointes des acides ; qu'on puisse supposer que la *force* des acides corresponde aux degrés de « subtilité » des pointes. On voit bien que, pour une telle intuition, la particule d'acide est une *chose* en miniature. On ne connaît nettement cette *chose* que par une sensation gustative et on la décrit à grand renfort d'hypothèses qui sont, comme le remarque finement H. Metzger, « à la fois précises dans les détails et vagues dans les généralités »[1]. On fait appel à la mécanique des menuisiers et des charpentiers, aux propriétés des leviers, des coins, des vrilles, des scies. H. Metzger indique ailleurs jusqu'à quelle minutie peuvent descendre les images 53 que l'intuition propose pour comprendre l'infiniment | petit. Voici comment le chimiste Homberg expose la théorie de l'oxydation du mercure.

> Les parties du mercure, étant devenues hérissées par le lardement de la matière de la lumière, nous pouvons nous les représenter comme des châtaignes couvertes de leurs coques vertes et hérissées, qui se soutiennent plutôt les unes les autres que de rouler sur un plan incliné, comme elles feraient si c'étaient des boules rondes et polies ; et, dans cet état, le mercure n'est plus fluide, étant changé en une poudre rouge

Nouvelle édition revue et corrigée par M. Baron, Paris, Laurent-Charly D'Houry, 1757, p. 18-19.

1. H. Metzger, *Les doctrines chimiques en France du début du XVIIe à la fin du XVIIIe siècle*, op. cit., p. 433.

dont les petits grains collés les uns contre les autres, par leurs propres hérissons, composent de gros morceaux assez durs et de figures irrégulières, comme feraient les coques hérissées des châtaignes si on les pressait les unes contre les autres, qui composeraient des gros pelotons de figure irrégulière et qui tiendraient fort bien ensemble : ces pointes hérissées du mercure, par la longueur du temps qu'on les expose au feu, s'augmentant en nombre et en grandeur, s'entrelacent et se soutiennent si fort, que le mercure devient dur comme une pierre ; et comme ces pointes, qui rendent chaque grain du mercure hérissé, sont une matière sensible et pesante, le mercure, dans cet état, augmente de volume et pèse plus qu'il ne faisait avant que d'avoir été mis au feu et lorsqu'il était encore coulant [1].

Mais on pourrait reconnaître là une volonté toute cartésienne de tout expliquer par l'étendue, par les formes géométriques. Il ne serait pas difficile de trouver des affirmations plus substantialistes et partant plus gratuites. C'est le cas quand on attribue | à la nature simple de l'atome 54 la qualité phénoménale composée. En diminuant d'échelle on a l'impression qu'on échappe à la tautologie à jamais ridiculisée par Molière à l'occasion de la vertu dormitive de l'opium. On dira, par exemple, avec Voltaire : « On admet des atomes, des principes insécables, inaltérables, qui constituent l'immutabilité des éléments et des espèces ; qui font que le feu est toujours feu, que l'eau est toujours eau, la terre toujours terre, et que les germes imperceptibles qui forment l'homme

---

1. H. Metzger, *Histoire et mémoires de l'Académie des sciences*, 1706, p. 262. Cité par H. Metzger, *Les doctrines chimiques en France du début du XVIIe à la fin du XVIIIe siècle, op. cit.*, p. 380.

ne forment point un oiseau.»[1]. On retrouvera ainsi les homéoméries d'Anaxagore où les éléments sont à la fois spécifiques et complexes[2].

Ainsi tout ce qui enrichit l'atome en attributs est naturellement sous la dépendance de la pensée réaliste ; autrement dit, c'est sur l'atome que s'applique le mieux la fonction épistémologique que nous avons appelée la fonction réaliste, celle qui rend compte d'un phénomène en l'attribuant purement et simplement comme une qualité à l'essence de l'être. Il semble que l'atome soit alors une racine solide et permanente de cette attribution.

Mais le problème, si connu sous la forme banale où nous venons de l'esquisser, peut être approfondi et porté sur un terrain plus métaphysique. Donnons quelques exemples de cette transformation.

Un des enrichissements métaphysiques les plus importants a consisté à prendre l'atome comme cause.

55 | C'est là un cas particulier d'une thèse générale dont on trouvera le développement dans la critique apportée par Schopenhauer à la philosophie kantienne. C'est ainsi que Schopenhauer se propose de démontrer[3] «que le concept de substance n'a, en réalité, d'autre contenu que celui du concept de matière. Quant aux accidents, ils correspondent simplement aux différentes espèces d'activité : par conséquent la prétendue idée de substance et d'accident se réduit à l'idée de cause et d'effet.» Autrement dit, de la substance kantienne à la substance schopenhauerienne il y a toute la distance qui sépare

1. Voltaire, *Dictionnaire philosophique*. Art. *Atome*.
2. *Cf.* M. Berthelot, *La synthèse chimique*, Paris, Ballière, 1876, p. 33.
3. A. Schopenhauer, *Le monde comme volonté et représentation*, trad. fr. A. Burdeau, Paris, 1844, t. II, p. 52.

le cinématisme du dynamisme. Tout substantialisme doit se doubler d'un causalisme et c'est à très juste titre que André Metz a dégagé le caractère causal de la philosophie réaliste meyersonienne. Or c'est dans l'atomisation que la substance concentrée sur un domaine étroit et précis est vraiment solidaire de ses attributs ; c'est donc au niveau de l'atome que la substance peut être le plus facilement prise comme cause de ses attributs. L'atome, c'est la substance prise comme cause bien définie, bien assignée. Dans une action définie au niveau de l'élément de substance on peut reconnaître en quelque sorte l'atome de cause. C'est en somme sous cette forme que la physique mathématique de Cauchy écrira l'équation fondamentale de la dynamique en partant de la force exercée sur un point matériel.

Quoi qu'il en soit d'ailleurs de ces thèses métaphysiques générales, on peut parfois saisir à propos de l'atomisme ce passage de | l'atome-substance à l'atome-cause. Souvent ce **56** passage est si subreptice qu'il touche au paralogisme. C'est ainsi que Lasswitz indique comment au lieu de la résistance on parle de la force de résistance[1]. De la résistance à la force de résistance il y a sans conteste tout un abîme métaphysique. C'est vraiment un effet qui devient une cause. C'est toute notre intuition intime de l'effort que nous introduisons dans la chose en soi ; la substance est alors en quelque sorte vécue par le dedans au lieu d'être contemplée en dehors.

On passera de la même façon de l'atome plus ou moins *lourd* pris comme une simple traduction de notre sensation à l'atome *pesant* posé comme cause d'une attraction. Nous

---

1. K. Lasswitz, *Atomistik und Kriticismus*, Braunschweig, 1878, p. 49.

retrouverons cet enrichissement dans le passage des atomismes cartésiens aux atomismes newtoniens.

C'est de la même manière, et cette fois par un excès évident, que certains philosophes attribueront à l'atome la liberté. Nous avons noté dans notre introduction cette adjonction apportée à l'atome avec Épicure. En l'évoquant à nouveau, nous voulons rappeler que l'atome ainsi enrichi va pouvoir rendre compte à la fois de l'individualité absolue des êtres et de la variété prodigieuse des phénomènes. Pour Épicure, la variété n'est pas un jeu superficiel, elle a vraiment une racine interne. C'est ce que Mabilleau a justement souligné : « Il faut donc que l'atome soit doué d'un pouvoir interne et immanent, non soumis à la stérile identité des lois 57 mécaniques et capable de faire naître la variété, | dans le mouvement d'abord, ensuite dans l'être même (j'entends l'être phénoménal), par le moyen des combinaisons suscitées.[1] » D'ailleurs la forte originalité de l'atome d'Épicure est si invincible, si impossible à effacer par des compensations que les atomes en s'associant par hasard et par jeu constitueront des mondes multiples, mondes frappés eux-mêmes de contingence et de variété. É. Bréhier l'indique très clairement : selon Épicure, il n'y a « aucune raison pour que les mondes soient d'un type unique et qu'ils aient par exemple la même forme et contiennent les mêmes espèces d'êtres vivants ; il en est au contraire de fort différents, dus à la diversité des semences dont ils sont formés.[2] »

Cette exaltation que l'être puise dans la liberté et cette force individualisante sont d'autant plus frappantes qu'elles

1. L. Mabilleau, *Histoire de la Philosophie atomistique*, *op. cit.*, p. 277.
2. É. Bréhier, *Histoire de la philosophie*, t. II, p. 343.

paraissent d'abord concentrées dans un élément plus petit. Il semble que l'atome subtilise le mystère de la liberté, comme il subtilisera le problème de la vie. Il y a en effet une sorte d'endosmose entre le concept d'atome et le concept de germe, et cette fusion de deux idées obscures correspond à un nouvel enrichissement de l'atome du réalisme interne. Les *genitalia corpora* de Lucrèce, les *semina rerum* se retrouvent plus ou moins nettement évoqués tout au long de la littérature atomistique. Parfois les intuitions animistes les plus ingénues apportent un étrange développement à cette thèse. Ainsi, dans un mémoire sur l'élasticité, William Petty, en 1674, va jusqu'à attribuer des caractères sexuels aux atomes. Il explique l'élasticité, dit Todhunter[1], « par un système | compliqué **58** d'atomes auxquels il donne non seulement des propriétés polaires, mais encore des caractères sexuels. » Pour justifier son affirmation, Petty prétend que le passage de la Genèse (I, 27) : « Il les créa mâle et femelle » doit être pris comme s'appliquant aux derniers éléments de la nature, c'est à dire aux atomes aussi bien qu'aux êtres humains[2].

Au fond, le germe, principe obscur du destin de l'être, représente du moins l'être vivant dans son unité la plus condensée. Il est devenu ainsi un modèle d'unité atomique. Il est construit tout en profondeur, accumulant à la fois toutes les qualités et tout le devenir de l'être, réalisant même, comme A. Koyré l'a si bien montré[3], la synthèse métaphysique des contradictions les plus flagrantes, celle de l'être et du non-être,

---

1. I. Todhunter, *A history of the theory of elasticity…*, University Press, 1886, t. I, p. 4.
2. William Petty, *Letters to John Aubrey*, 1674.
3. A. Koyré, *La philosophie de J. Boehme*, Paris, Vrin, 1929, p. 131.

celle du devenir et du permanent. En face de telles contradictions, combien plus tolérable doit paraître l'opposition intuitive entre l'étendue de l'atome et son indivisibilité ! Le germe fournit donc bien un des exemples d'atome les plus riches et les plus fortement coordonnés. On conçoit qu'on ne puisse le diviser sans anéantir ses fonctions. Le germe fait du même coup la preuve de son unité, de sa causalité, de sa vie. C'est l'atome de vie. Si l'on songe maintenant que les intuitions animistes peuvent sans doute se voiler à certaines époques mais qu'elles sont toujours prêtes à réapparaître, on comprend la trompeuse clarté que l'idée obscure de germe apporte à l'idée géométrique d'atome. Le germe, c'est l'atome qui a une structure interne, structure qu'on peut aussi bien interpréter **59** comme racine de la diversité que comme racine | du devenir. C'est donc tout le phénomène de l'être, dans l'espace comme dans le temps, qui se trouve expliqué par le germe.

En s'appuyant sur cette métaphysique du germe, nous voyons maintenant clairement comment le réalisme pose l'atome comme une substance *produisant* vraiment ses attributs. Naturellement l'atomisme le plus caractéristique sera le plus intempérant. C'est celui qui emploie à tout propos, pour les attributs, pour les modes, pour les accidents, toujours la même fonction réaliste. Il tend à réduire, à l'envers de l'idéal de la pensée scientifique moderne, les *lois* du phénomène aux *propriétés* des substances. Cet atomisme, qui fait de la naïveté un système, évince même le problème de la composition phénoménale. Pour lui, il n'y a pas de *propriétés composées*, ou plutôt, la composition n'explique rien : toute la valeur d'explication consiste à établir une tautologie qui va de la substance aux qualités qui la caractérisent.

IV

Les atomismes réalistes savants ont été une réaction contre cette attribution immédiate des qualités sensibles. Ils ont travaillé à établir une échelle de valeurs dans l'ensemble des propriétés et à déterminer les caractères *fondamentaux* de l'atome. Cependant tous les atomismes qui gardent, comme idée directrice, la fonction réaliste si réduite qu'en soit l'application, s'apparentent avec une netteté métaphysique indéniable. Avant de traiter les problèmes de la composition qui ont tant d'importance pour classer les intuitions atomistiques, il convient d'indiquer, croyons-nous, quelques doctrines où l'atome naïf s'appauvrit | en attributs, tout en gardant sa 60 richesse d'essence, tout en mettant encore l'accent sur la valeur substantialiste.

Puisque nous avons plutôt le dessein d'être clair que d'être complet, allons tout de suite aux atomismes les plus restreints, à ceux que l'on pourrait appeler monotones, en ce sens qu'ils n'accordent à la substance qu'un attribut fondamental. Dans ce dernier sens, très instructives sont les écoles atomistiques touchées de près ou de loin par le cartésianisme. Nous voulons parler de la théorie de Cudworth et surtout de celle de Cordemoy.

Pour Cudworth, comme pour Gassendi d'ailleurs, les atomes ne forment naturellement pas la totalité de l'Être, ainsi que c'était le cas pour les doctrines antiques. Pour un cartésien, il y a en outre la substance pensante. Mais la pauvreté qualitative des atomes n'en est que plus frappante. Comme le dit Pillon, « l'idée du mouvement spontané n'est pas renfermée dans celle d'étendue ; elle ne convient donc pas aux atomes. S'ils ne peuvent se mouvoir eux-mêmes, il faut que leur mouvement leur soit communiqué, qu'il leur vienne du dehors »[1]. Entendons bien, la locution « du dehors » ne se réfère pas ici à une action d'un autre atome mais bien à une action qui engage une tout autre nature que la nature matérielle. Le choc des atomes n'est alors que le phénomène d'une action plus profonde qui, par l'intermédiaire de la *nature plastique*, remonte à Dieu même. L'atome n'est vraiment plus là qu'un fragment d'étendue, qu'un commentaire géométrique de l'impénétrabilité des corps.

61 La thèse de Cordemoy accentue encore cette passivité essentielle | de l'atome et aboutit à une véritable doctrine occasionnaliste des actions interatomiques. Pillon résume cette influence malebranchiste : « Non seulement le principe du mouvement n'est pas dans les atomes, mais ils n'agissent en aucune façon les uns sur les autres, et l'on ne peut même pas les considérer comme des causes motrices secondes. On croit cependant et l'on dit volontiers qu'ils se transmettent les uns aux autres le mouvement qu'ils ont reçu. Mais ce n'est là qu'une apparence… C'est Dieu qui fait passer le mouvement d'un atome à l'autre à *l'occasion* de leurs rencontres.[2] » Ainsi l'action mutuelle des atomes qui se choquent ne correspond à aucune réalité profonde ; cette action est un pur phénomène ; elle ne peut être *expliquée* par l'impénétrabilité, puisque c'est une faute de la référer à la seule impénétrabilité. L'action divine est nécessaire jusque dans le phénomène minuscule de la rencontre de deux atomes, car Dieu est la réserve de toute action. Tout le reste est figure. Nous sommes bien revenus à un atomisme minimum et univalent. Cependant cet atomisme univalent est encore pensé dans le sens d'une inhérence. Pour

---

1. F. Pillon, *Année philosophique*, 1891, p. 70.
2. *Ibid.*, p. 71.

les atomismes cartésiens, la figure est en effet vraiment inhérente à la matière. A propos de la philosophie de Cordemoy, Lasswitz rappelle que c'est parce que la forme appartient à la substance que la substance de l'atome ne peut être divisée[1]. L'atome apparaît dans cette doctrine comme solidifié par sa surface géométrique. Cette surface n'est pas contingente. Elle n'est pas la simple limite de quelque effort intime d'extension, | la borne d'une poussée interne ; elle est vraiment contempo- 62 raine de la création de l'être ; mieux, elle est contemporaine de la pensée qui crée l'être. C'est en cela qu'on peut dire que la surface des atomes est le lieu géométrique de leurs qualités substantielles. Cette surface est vraiment taillée dans l'étendue intelligible.

D'ailleurs l'idée seule de substance suffit pour assurer l'unité à l'atome dans la philosophie de Cordemoy. C'est un point qui est bien mis en lumière dans la thèse de Prost :

> Cordemoy dit que si l'atome est indivisible, c'est parce qu'il est substance… il identifie, avec Aristote, substance et unité… Peu importe qu'on distingue… des parties, leur nature de substance maintient l'unité[2].

Il est très curieux de constater que dès qu'un atomisme se schématise, une réaction plus réaliste se prépare. C'est toujours la même dialectique que celle que nous signalions entre Démocrite et Lucrèce. Il est intéressant, croyons-nous, de voir le même dilemme se renouveler entre les atomismes issus du cartésianisme et les atomismes issus du newtonianisme.

1. *Cf.* K. Lasswitz, *Geschichte der Atomistik*, 2ᵉ éd., Leipzig, Voss, 1926, t. II, p. 41.
2. J. Prost, *Essai sur l'atomisme et l'occasionnalisme dans la philosophie cartésienne*, Paris, H. Paulin, 1907, p. 56.

Prenons l'expression de cet enrichissement dans l'article même de Pillon que nous utilisions à propos de Cordemoy. L'apport fondamental de Newton, c'est l'exemple d'une action qui met en jeu la masse entière et non plus la surface.

63 « Il est démontré, | dirent les partisans de Newton, que la gravitation universelle vient d'un pouvoir qui pénètre au centre du soleil et des planètes, sans rien perdre de son activité, et qui agit, non pas selon la quantité des superficies des particules matérielles, mais selon la quantité de matière. Donc, nul tourbillon, nulle impulsion connue, nulle cause mécanique, au sens ordinaire du mot, n'en peut être le principe ; donc elle est l'effet d'une force attractive primordiale et essentielle à la matière.

« A cette attraction générale s'en joignirent d'autres ; il y en eut une pour déterminer la cohésion et la dureté des corps ; puis ce furent l'attraction magnétique, l'attraction électrique, l'affinité chimique… Ce qui caractérise, au XVIIIe siècle, l'esprit philosophique de la science, c'est l'idée de la pluralité et de la diversité essentielle des forces, des propriétés, des principes de la nature. »[1] Comment mieux caractériser le retour de la pensée réaliste vers une philosophie de la simple inhérence ? Comment ne pas voir aussi, dans de semblables expressions, une résurrection des formes substantielles et des qualités occultes ? C'est là une critique qu'on a répétée à satiété contre la philosophie newtonienne. En admettant que Newton, protégé par des précautions mathématiques, ait échappé personnellement à cette séduction réaliste, on doit convenir que le mouvement de sa doctrine devait replacer au centre de l'atome, comme qualité de la substance intime de

---

1. F. Pillon, *Année philosophique*, *op. cit.*, p. 98.

l'atome, la racine de toutes les manifestations externes de l'atome. On revient insensiblement à une explication par l'inhérence.

Ce retour à des conceptions philosophiques aristo-téliciennes est particulièrement apparent sur une qualité particulière prise | d'abord, de toute évidence, dans l'intuition 64 sensible. C'est le cas de la dureté. La déduction de Pillon est très utile à méditer à cet égard. « Si la dureté des corps, la dureté expérimentale, vient des forces inhérentes aux atomes, à quoi attribuera-t-on la dureté des atomes ? Il faudra dire qu'elle vient elle-même des forces inhérentes aux parties dont les atomes sont composés ; puis, que la dureté de ces parties vient des forces inhérentes à des parties plus petites ; et ainsi de suite. Ou bien, si l'on veut éviter le progrès à l'infini, il faudra mettre dans les atomes, ou dans des parties ultimes quelconques, une dureté essentielle et absolue, semblable à la légèreté essentielle et absolue d'Aristote, une dureté qui n'est pas de la même nature que celle des corps, bien qu'elle soit supposée en suite de l'expérience que nous avons de celle des corps. Il faudra donc distinguer dans la nature deux espèces de dureté, dont l'une, inexpliquée, mystérieuse, entre comme postulat dans l'explication de l'autre. En un mot, il faudra abandonner tout à coup les théories de la physique moderne pour revenir à une idée de l'ancienne physique. [1] »

Il y aurait naturellement une longue étude à faire sur les rapports de l'atomisme et de la philosophie newtonienne. H. Metzger a consacré à cette étude des pages pénétrantes. « L'atomisme est impliqué, dit-elle, dans la loi d'attraction

---

1. F. Pillon, *Année philosophique*, *op. cit.*, p. 100.

telle que la comprennent les chimistes. » Et elle ajoute, ce qui est important pour prouver, suivant notre thèse, le caractère impératif des intuitions : «Cette conséquence de la loi de Newton, les chimistes la formulèrent sans la discuter et sans la
65 déduire, comme une évidence | immédiate.[1] » Dans bien d'autres doctrines, par exemple dans la thèse corpusculaire de la lumière établie par Newton on trouverait encore des assemblages intuitifs très instructifs[2] ; mais ces assemblages, on le reconnaîtra, opèrent toujours sur le jeu des intuitions que nous avons dégagées.

Pour conclure, nous nous bornerons à indiquer encore une voie d'évolution le long de laquelle l'atome a été en quelque sorte anéanti. En effet, nous allons le voir perdre, au bénéfice de sa valeur dynamique, un des caractères qui s'était présenté jusqu'ici comme vraiment fondamental : son étendue elle-même.

C'est l'explication par l'interne qui va ruiner la conception de l'atome comme étendue figurée. Faisons la discussion en analysant le principe de la cohésion. Cette cohésion est due à une force attractive des parties cohérentes. L'atome devra donc son existence à une attraction mutuelle de ses parties. Mais alors ses parties ont la même valeur d'explication à l'égard de l'atome que l'atome à l'égard des corps qu'il constitue. Il faut donc admettre que la cohésion intra-atomique postule des racines subatomiques. Et ainsi, à la faveur d'une propriété interne, on se trouve conduit à segmenter sans fin

1. H. Metzger, *Newton, Stahl, Boerhaave et la doctrine chimique*, Paris, Alcan, 1930, p. 37.
2. *Ibid.*, p. 77-78.

l'atome. Autrement dit, l'atome, par le fait même qu'il a reçu intimement toutes les propriétés, ne peut pas constituer son individualité avec une figure déterminée, tout externe, découpée dans l'étendue. On ne trouve aucun lien pour solidariser l'étendue figurée et les principes internes de la cohésion. La méthode d'explication brise donc automatiquement | l'atome en tant que moyen d'explication. Comme le dit très 66 bien Pillon : Il faut supposer « ou une première étendue qui ne dépend pas de la cohésion et de la force attractive, ou une première force attractive qui a son siège, non dans une partie étendue, mais dans un point mathématique »[1]. On aboutit alors à un atomisme où l'interne et l'externe se touchent en quelque sorte ; c'est l'atomisme ponctiforme de Boscovich.

Cette fois, l'atome est bien intuitivement et clairement un élément indivisible ; on s'est débarrassé de la contradiction intime où nous avait conduit le besoin de donner une variété de formes aux atomes indivisibles. Mais aussitôt, les difficultés évincées à l'intérieur de l'atome vont réapparaître à l'extérieur. En effet, le point matériel devra défendre en quelque sorte son existence. On ne peut pas imaginer le contact de deux points, pas davantage le choc de deux points. Car si deux points se touchaient définitivement ou accidentellement, ils coïncideraient, et les atomes, posés comme impénétrables, seraient confondus ! Boscovich fut donc amené à postuler une force répulsive aux petites distances, tout en laissant subsister l'attraction newtonienne aux grandes distances. On se rend compte que la description des phénomènes entraîne dès lors une intervention de la géométrie de l'espace. C'est de la position relative des atomes dans l'espace que découlent toutes

1. F. Pillon, *Année philosophique, op. cit.*, p. 99.

les actions et, par suite, toutes les propriétés des atomes. On arrive donc à une physique mathématique qui s'éloigne des principes traditionnels de l'atomisme. Nous ne pousserons pas

67 plus loin notre examen. Si nous | poursuivions l'apparentement des doctrines dans cette voie, ce sont des travaux d'ordre mathématique sur les ensembles de points que nous rencontrerions. Pour séparer et classer les éléments intuitifs du problème du discontinu tel qu'il se pose dans la théorie des ensembles, il faudrait un ouvrage spécial. Du point de vue uniquement philosophique, on trouvera une intéressante monographie qui lie l'intuition de Boscovich aux philosophies modernes du discontinu en passant par les thèses de Cauchy, de Herbart, de Renouvier, d'Evellin. C'est celle de Nikola Poppovich[1]. Cette monographie est une excellente préparation à l'étude de la philosophie mathématique de B. Petronievics.

1. N. M. Poppovich, *Die Lehre vom diskreten Raum*, Wien, Braunmüller, 1922.

LES PROBLÈMES DE LA COMPOSITION
DES PHÉNOMÈNES

I

En se plaçant à l'unique point de vue du philosophe réaliste, nous venons de voir que les doctrines atomistiques présentaient déjà une très grande variété. Toutes les espèces de ce même genre se classent, d'après le nombre des caractères phénoménaux attribués à l'atome, entre deux types extrêmes : l'atomisme réaliste vraiment prodigue qui donne toutes les propriétés du phénomène à l'atome lui-même et l'atomisme réaliste aussi restreint que possible qui fixe pour l'atome une propriété comme essentielle. Entre ces deux intuitions métaphysiques, bien des intermédiaires sont possibles. On s'explique donc qu'un philosophe tout acquis à la position réaliste du problème de l'atomisme puisse affirmer qu'il n'y a

guère «de théorie plus touffue que la théorie atomique[1]».
Cette diversité, qui apparaîtra beaucoup plus grande encore
quand nous pousserons notre enquête plus loin, entraîne des
modifications pour certains problèmes philosophiques. Ainsi
le problème de la composition phénoménale est manifeste-
69 ment | lié au degré de richesse des qualités attribuées à
l'essence des atomes : pour l'atomisme réaliste prodigue, la
composition n'a pas de sens puisqu'on postule tous les attributs
au niveau de l'atome pour résoudre d'une manière préalable le
problème de la composition ; au contraire, ce problème, si
rapidement évincé, devient primordial pour les atomismes
réalistes savants. Entre ces positions extrêmes, on pourrait
classer les solutions du problème de la composition phénoménale dans l'ordre de la complexité croissante ; on retrouve-
rait l'ordre de richesse décroissante pour les attributs postulés
dans l'atome. Les problèmes de la composition, de la combinaison, de la synthèse sont donc en liaison étroite avec les
intuitions atomistiques. Nous devons les étudier d'un peu plus
près.

Rappelons d'abord toute une série d'affirmations qui
refusent de reconnaître l'importance de la *composition*. Ces
affirmations nous étonneront moins maintenant que nous
avons remarqué qu'elles sont entraînées par une adhésion
souvent tacite, toujours irraisonnée, à un atomisme naïf. C'est
ainsi que Helmholtz répète, en s'appuyant sur l'opinion de
W. Thomson, que l'atomisme ne peut *expliquer* d'autres

---

1. P. Kirchberger, *La théorie atomique. Son histoire et son développement*,
trad. fr. M. Thiers, Paris, Payot, 1930, p. 18.

propriétés hormis celles qui sont attribuées gratuitement et *a priori* à l'atome lui-même[1].

Berthelot caractérise finement ce besoin en quelque sorte psychologique de nier l'étrangeté de la composition qui produit des qualités toutes nouvelles. Devant une synthèse vraiment productive « on serait porté à croire à l'intervention de quelque | autre composant que l'analyse aurait été impuis- **70** sante à nous révéler »[2]. On en vient en somme à substantialiser le pouvoir de combinaison, à chercher un *fluide de la composition*, un élément actif, pour expliquer l'action mutuelle des substances élémentaires. C'est là une illusion, mais elle vient naturellement à l'esprit et il faut de nombreux échecs pour la réduire. Berthelot continue en prenant l'exemple du sel marin : « cependant le chlore et le sodium sont bien les seuls éléments contenus dans le sel marin. La synthèse a levé toute espèce de doute à cet égard ; car elle a établi que le chlore et le sodium peuvent de nouveau entrer en combinaison, perdre leurs qualités et reconstituer le sel marin avec ses caractères primitifs »[3]. Ainsi l'idée de combinaison productive de qualités est solidaire d'une longue pratique de l'expérimentation. Tant qu'on n'a pas le moyen de vérifier les doctrines chimiques par les deux expérimentations inverses de l'analyse et de la synthèse, ces doctrines restent sur le plan métaphysique ; elles se développent dans le domaine de la logique pure. Elles acceptent alors sans discussion les principes de *conservation totale et parfaite*. On prend donc comme axiome fondamental, lié clairement à la doctrine logique de l'être, la proposition

---

1. Voir K. Lasswitz, *Atomistik und Kriticismus*, *op. cit.*, p. 32.
2. M. Berthelot, *La synthèse chimique*, *op. cit.*, p. 7.
3. *Ibid.*

suivante : *ce qui est dans le tout est nécessairement dans les parties.*

Parfois cette affirmation paraît jouer sur le plan même d'une métaphysique ontologique. Ainsi P. Kirchberger prétend échapper aux thèses de Vaihinger et d'Otto Lehmann en prenant fait et cause pour le réalisme. Mais il appuie très curieusement ce réalisme sur la simple déclaration suivante :
71 « En admettant | le principe de von Antropoff : *si un corps se compose d'un certain nombre de fractions, ces diverses fractions ont le même degré de réalité que le corps dans son ensemble...* nous trouvons... un sol stable et suffisamment ferme, semble-t-il, pour supporter le puissant édifice de la théorie atomique moderne. [1] ». A bien y réfléchir, c'est là un véritable postulat ontologique et ce postulat ne paraît évident que parce qu'on ne précise pas le point de vue où l'on étudie la réalité, ni ce qu'on entend par le *degré de réalité.* Au contraire, étant donné un caractère réel, on pourra toujours trouver un degré de fractionnement qui arrive à l'effacer ; la mise en poussière nous donne de ce déclin du réel un exemple familier.

Il est donc difficile d'écarter la séduction d'une ontologie immédiate ; il faut une longue expérience des synthèses effectives pour acquiescer au *réalisme de la synthèse* par opposition au réalisme de l'élément. Ainsi Berthelot écrit très justement à propos des doctrines atomistiques de l'antiquité, que ces doctrines demeurent « étrangères à l'idée proprement dite de combinaison ». Au point de vue pédagogique aussi, il est toujours très difficile de distinguer l'intuition élémentaire du mélange et l'idée de la combinaison. Le meilleur moyen

---

1. P. Kirchberger, *La théorie atomique. Son histoire et son développement,* *op. cit.,* p. 10.

pour éclaircir cette distinction, c'est de définir la combinaison par le fait même qu'elle crée des caractères radicalement nouveaux. Nous allons insister sur ce point.

II

Grâce à la culture scientifique, l'idée de combinaison finit par nous paraître simple et naturelle ; mais quand on en suit le développement | dans la science, on s'aperçoit qu'elle est 72 entourée de nuances intuitives diverses qui rendent sa précision conceptuelle délicate. Liebig a fort bien compris l'importance de ces nuances intuitives. Il prend un seul et même fait et nous en donne deux expressions qui peuvent paraître voisines mais qui, à la réflexion, indiquent deux métaphysiques différentes : « Cavendish et Watt ont l'un et l'autre découvert la composition de l'eau : Cavendish établit le fait, Watt eut l'idée. Cavendish dit, l'eau *naît* d'air inflammable et d'air déphlogistiqué ; Watt dit, l'eau se *compose* d'air inflammable et d'air déphlogistiqué. Entre ces deux expressions, la différence est grande. »[1]. En effet, Watt est en avance sur Cavendish parce qu'il fait l'économie d'un mystère. Il accepte la composition comme un fait normal et clair. Il comprend que la composition suffit à elle seule pour expliquer les caractères nouveaux du corps composé. Cavendish garde implicitement et confusément l'action du vital, l'intuition d'un devenir. Pour lui, la combinaison est une naissance, une création qui conserve son mystère.

1. J. von Liebig, *Nouvelles lettres sur la chimie*, éd. C. Gerhardt, Paris, V. Masson, 1852, t. II, p. 292.

On doit d'ailleurs reconnaître qu'il était difficile de distinguer la combinaison chimique pure et simple des diverses compositions physiques. C'est un point que nous avons étudié longuement, à propos de l'intuition de Berthollet, dans un livre récent. Nous avons essayé de caractériser la lutte entre Berthollet et Proust en montrant que le premier chimiste intégrait, dans l'expérience chimique, un ensemble de conditions physiques qui masquaient plus ou moins le caractère bien défini des combinaisons. Proust, | au contraire, en s'attachant à présenter le phénomène par son côté proprement chimique, arrivait à montrer que la combinaison se fait sans fluctuations, suivant des lois rigoureusement générales, et qu'il suffit, par conséquent, de partir de l'idée de combinaison pure pour définir complètement les composés. Autrement dit, en suivant Proust, l'idée de combinaison passe au rang des idées explicatives et par conséquent cette idée doit être posée *a priori* comme claire et comme simple.

Toutefois, il ne faudrait pas être dupe de cette pensée de parfaite analyse, et à tout moment l'intuition de Berthollet reprend force dans les esprits. La chimie de Proust est en effet une chimie pure, c'est une chimie savante et précautionneuse ; les faits immédiats, ceux qui nous enseignent la philosophie réaliste, nous présentent toujours une coopération des phénomènes chimiques et des phénomènes physiques. C'est ce que Gay-Lussac a indiqué dans une formule simple et claire : « Les corps possèdent à l'état solide, liquide ou gazeux, des propriétés qui sont indépendantes de la force de cohésion ; mais ils en ont aussi d'autres qui paraissent modifiées par cette force, très variable dans son intensité, et qui dès lors ne suivent plus aucune loi régulière. [1] ».

Puisque nous étudions les intuitions relatives à la composition des phénomènes, nous devons donc border la composition chimique par une frange où viennent coopérer des compositions d'origine physique. Dans cette frange, on doit saisir tout un jeu de concepts qui vont de la simple juxtaposition à la pénétration réciproque, de la composition géométrique à la composition | qualitative. Mais ces concepts sont 74 souvent mal précisés ; c'est pourquoi la philosophie chimique apparaît si peu nette quand on la compare à la philosophie mathématique ou à la philosophie du mécanisme. Pour bien montrer que les intuitions géométriques ne sont pas absolument nécessaires pour faire comprendre la composition chimique, donnons un exemple d'un auteur estimé qui a entrepris de relier les caractères physiques et chimiques en se servant de l'idée simple du mélange intime. Pour Sterry Hunt, en effet, le type de l'acte chimique se trouve dans la *dissolution*. « L'union chimique est une interpénétration, comme le dit Kant, et non une juxtaposition, comme l'admettent les atomistes. Quand des corps s'unissent, leurs masses ainsi que leurs propriétés spécifiques se perdent dans celles de l'espèce nouvelle. La définition de Hegel, ensuite de laquelle l'*acte chimique serait une identification des choses différentes et une différenciation de ce qui est identique*, est pourtant complète. [2] »

On peut d'ailleurs suivre, chez quelques auteurs, la perte progressive en qualités quand on va du chimique au physique :

1. Cité par R. Jagnaux, *Histoire de la chimie*, Paris, Baudry et Cie, 1891, t. II, p. 227.

2. S. Hunt, *Un système chimique nouveau*, Paris-Liège (Belgique), G. Carré-M. Nierstrasz, 1889, p. 16.

au fur et à mesure que la composition devient plus physique, elle devient plus pauvre. Aussi, comme nous sommes instruits surtout par les gros phénomènes et par les phénomènes physiques, c'est toujours à cette composition pauvre que nous faisons correspondre la force d'une intuition claire. Ainsi W. Spring, dans la préface au livre de Hunt, écrira : « La combinaison d'un élément avec lui-même, c'est-à-dire la polymérisation d'un corps, a réellement pour effet d'éteindre 75 son énergie, de le rendre inapte | à remplir certaines fonctions. La chimie du phosphore rouge, plus simple que celle du phosphore blanc, peut être considérée comme la chimie d'un corps amorti. »

En somme, d'après Hunt et Spring, la composition, quand elle n'est plus qu'une juxtaposition ou un arrangement d'éléments dans l'espace, atteint, avec la parfaite dureté du solide géométrique, l'indifférence chimique. Hunt conclut un mémoire sur le jade en ces termes : « L'augmentation de densité et l'indifférence chimique qu'on remarque dans cette dernière espèce tient sans doute à son équivalent plus élevé, c'est-à-dire à une molécule plus condensée. [1] ». Ce rapport entre la dureté et l'indifférence chimique est d'ailleurs appuyé sur des recherches relatives aux silicates. On saisit donc là une curieuse intuition où la dureté n'est pas primordiale mais où elle est acquise par une condensation progressive. Ainsi l'idée de condensation, instruite dans l'expérience usuelle des mélanges et des dissolutions, vient ici soutenir les intuitions qui, à première vue, lui semblent les plus contraires ; preuve que dans l'esprit moderne, on est porté à donner à la

---

1. S. Hunt, *Un système chimique nouveau*, *op. cit.*, p. 54.

composition une valeur créatrice ; on n'éprouve plus le besoin de reporter aux parties les qualités qu'on constate dans le tout.

III

Un des phénomènes les plus favorables pour étudier les problèmes philosophiques de la composition est peut-être la composition | de l'élément avec lui-même, telle qu'on peut la 76 saisir dans les cas d'allotropie.

Le problème philosophique fondamental de l'allotropie, comme le remarque Daniel Berthelot[1], est de savoir si l'allotropie est d'ordre physique ou d'ordre chimique. Il n'y a pas là une simple question de mots et les philosophes qui prétendent dès maintenant faire fonds sur l'unité fondamentale de la science manqueront toujours à rendre compte de la division profonde et effective de la phénoménologie. En fait, on n'étudie pas dans le même esprit les propriétés physiques et les propriétés chimiques. Le problème que pose l'allotropie est donc philosophiquement complexe. Pour expliquer qu'un même corps simple, comme le phosphore, se présente sous des *aspects physiques* différents, est-il vraiment suffisant, comme le faisait Hunt, de joindre au concept de la substance, l'idée *physique* de condensation ? Faut-il donner ainsi une sorte d'intensité à l'acte substantiel ? Ou bien faut-il encore à propos de l'allotropie revenir au dilemme qui embarrasse toute la philosophie atomistique, et choisir entre les deux moyens d'explication suivants :

---

1. D. Berthelot, *De l'allotropie des corps simples*, Paris, G. Steinheil, 1894, p. 3.

– Multiplication des types atomiques, multiplication si gratuite qu'elle nous conduirait à postuler des atomes différents pour une même substance.

– Accentuation du caractère créateur de la composition, accentuation qui amènerait à rendre raison, par la seule composition, de toutes les propriétés chimiques et qui, du même coup, refuserait aux éléments les propriétés chimiques ?

77 | Or l'allotropie paraît bien gouverner, non seulement des propriétés physiques, comme la solubilité, la couleur, le système de cristallisation, mais les fonctions les plus proprement chimiques. Selon Berzélius, dit Daniel Berthelot[1], « il y aurait deux séries parallèles de sulfures de phosphore, l'une dans laquelle ce corps existerait à l'état de phosphore blanc, l'autre dans laquelle il existerait à l'état de phosphore rouge ». En quelque manière, la couleur serait ainsi le signe d'une différenciation profonde dont on pourrait faire remonter la source jusqu'à l'élément. Marcelin Berthelot a montré aussi l'existence d'oxydes graphitiques spéciaux correspondant aux nombreuses espèces de graphites qui sont pourtant toutes du carbone pur. On verrait ainsi une substance prise comme simple et pure dans son caractère interne se présenter dans son activité chimique avec une diversité qui rejoindrait la diversité toute physique du premier aspect. Il y aurait donc une solidarité plus grande qu'on ne le suppose d'ordinaire entre les caractères physiques et les caractères chimiques d'une substance. Ainsi la conclusion des études de Marcelin Berthelot sur le soufre est la suivante : Il y a une certaine corrélation entre la fonction remplie par le soufre dans ses combinaisons chimiques et les formes prises dans le passage du soufre pur à

---

1. D. Berthelot, *De l'allotropie des corps simples*, *op. cit.*, p. 3.

l'état solide ; les sulfures alcalins répondant au soufre cristalli-
sable, les composés oxygénés ou chlorurés correspondant au
soufre insoluble.

Il y a plus : une idée philosophique curieuse conduit
Berthelot à accentuer les traits qui désignent le rôle de la
substance dans | la combinaison. D'après lui, « un grand 78
nombre de faits, relatifs à l'allotropie, peuvent s'expliquer par
une certaine permanence des propriétés des composés, jusque
dans les éléments dégagés de ces mêmes composés... Il me
paraît incontestable que plusieurs des états multiples du soufre,
sont corrélatifs avec la nature des combinaisons dont ils
dérivent ; ou, pour mieux dire, dépendent de deux causes : la
nature des combinaisons génératrices et les conditions de la
décomposition »[1]. Ainsi à la permanence du simple dans le
composé – antique base de tout réalisme – voilà qu'on oppose
la permanence du composé dans le simple ! L'histoire des
combinaisons restent inscrites dans les éléments, alors même
que la combinaison est détruite ! Avoir joué un rôle donne une
qualité, loin que la qualité prime, sans débat, le rôle. Le rôle est
d'habitude fonction de la qualité ; voilà maintenant que la
qualité est fonction du rôle ! On saisit, sur ce problème, une
nouvelle réciprocité de la substance à l'attribut qui déforme le
réalisme traditionnel. Il semble qu'en quelque manière l'attribution soit substantiellement convertible, dans le sens même
de la conversion logique des prédicats en sujets.

D'après cette intuition, les combinaisons chimiques vont
donc nous permettre d'explorer le degré de condensation
physique. Pour M. Berthelot, la faculté qu'a le carbone de

1. Cité par M. Meslans, *États allotropiques des corps simples*, Paris, 1894,
p. 35.

donner des composés extrêmement nombreux est en rapport avec une faculté plus cachée mais qui trouve déjà sa preuve dans la variation des chaleurs spécifiques et qui consiste dans le fait que la condensation se présente dans des états très

79 nombreux ! A l'état le plus | simple, le charbon (qui dans toutes ses variétés naturelles est presque non volatil) serait à l'état de gaz parfait, comparable à l'hydrogène. En effet, « une température élevée, en agissant sur le formène et la benzine, engendre successivement des carbures de plus en plus riches en carbone, de moins en moins volatils, d'un équivalent et d'un poids moléculaire sans cesse croissants. On arrive ainsi aux carbures goudronneux ou bitumineux, puis aux charbons proprement dits. Ceux-ci renferment encore quelques traces d'hydrogène que la chaleur ne suffit pas à leur enlever ; il faut l'intervention d'un corps avide d'hydrogène, comme le chlore, agissant sur la température du rouge. Les charbons ne sont donc pas comparables à de véritables corps simples, mais plutôt à des carbures extrêmement condensés, très pauvres en hydrogène… Le carbone pur lui-même n'est qu'un état limite qui peut à peine être réalisé sous l'influence des températures les plus élevées que nous produisions : tel que nous le connaissons, c'est le terme extrême des condensations moléculaires, et son état actuel est très éloigné de son état théorique, celui du gaz… ». Si l'on veut bien y réfléchir, c'est toute la perspective où l'on a l'habitude de chercher le corps simple et pur qui se trouve retournée dans une telle conception. *Le corps simple serait toujours un corps simplifié* qu'il faudrait supposer non pas à l'origine d'un monde mais bien au terme d'une technique.

Quoi qu'il en soit de la vue théorique de Berthelot, le seul fait qu'à son occasion un bouleversement épistémologique soit possible suffit à expliquer le caractère confus du problème de la composition. Les philosophes n'ont pas étudié ce problème en se référant au programme expérimental de la chimie ; les chimistes, | de leur côté, ne se sont pas astreints à **80** déterminer très exactement la place où ils utilisent la fonction philosophique du réalisme. Bien des questions restent donc en suspens. L'attribut tient-il à la substance élémentaire ? Tient-il à la substance composée ? Prend-il naissance à un stade intermédiaire ? Nul doute qu'en approfondissant ces questions, le réalisme ne se divise en plusieurs écoles. Le réalisme ne garde son unité qu'à la faveur d'une application imprécise.

Les problèmes de la composition ne se préciseront que lorsqu'on aura défini, à propos de chaque phénomène, un *principe d'additivité* susceptible de rendre compte de l'expérience. On s'apercevra alors que l'addition pure et simple correspondant à l'intuition arithmétique élémentaire n'est qu'une abstraction, tout au plus un cas particulier. Si l'on examine un objet réel dans tous ses aspects, on finit toujours par trouver des cas où ce qui s'ajoute se compose. Parfois la loi de combinaison touche un caractère très général. Ainsi, dans les théories relativistes, grâce à l'assimilation de la notion de masse et de la notion d'énergie, on a été amené à envisager, sous le nom de *packing effect*, une composition où la masse du composé est plus petite que la somme des masses des composants.

Même sur le plan de la chimie élémentaire, le principe d'additivité gagnerait à être toujours systématiquement défini. Dans son manuel original et clair, M. Boll ne manque pas de souligner l'importance du problème. Il distingue les « relations *additives*, où l'addition successive d'un même atome dans une molécule | produit des variations constantes **81** dans les propriétés du corps considéré... » puis des relations

« *constitutives*, parce qu'elles dépendent de la structure des molécules… Inversement on a nommé relations *colligatives*, celles qui ne sont fonction que du nombre des molécules présentes, sans faire intervenir ni leur structure, ni même leur nature (pression des gaz, propriétés des solutions…) au moins en première approximation »[1]. L'additivité pure et simple ne peut donc être considérée comme un *a priori* qui s'impose à l'expérience. Il faut toujours chercher expérimentalement si les choses s'associent dans une action comme des nombres abstraits qui s'additionnent. Sous ce rapport, il y a même intérêt à repousser l'évidence des intuitions immédiates et à poser un problème. On ne doit pas s'étonner par exemple qu'un Réaumur demande prudemment à l'expérience « si la force des cordes surpasse la somme des forces qui composent ces mêmes cordes »[2]. Il semble qu'en suivant trop docilement les intuitions de l'arithmétique élémentaire, on néglige l'exacte mathématique de la composition phénoménale. « Il peut paraître extraordinaire, dit M. Urbain, que nous ne connaissions pas de relation entre les propriétés physiques et la constitution des corps, en dehors de l'additivité (*pure et simple*) … Est-ce par insuffisance dc connaissances mathématiques ? Il serait absurde, et même irrévérencieux, d'admettre que les physico-chimistes ne connaissent d'autres fonctions mathématiques que celles qui se présentent sous 82 la forme de polynômes.[3] » Puis, | « Quand l'additivité (*pure et simple*) d'une propriété physique est discutable, on admet que les influences constitutives prédominent. C'est là une échap-

---

1. M. Boll, *Cours de chimie*, 1920, p. 51.

2. *Mémoires de l'Académie*, Paris, 1711.

3. G. Urbain, *Les disciplines d'une science*, Paris, G. Doin, 1921, p. 316.

patoire, puisque ces influences sont considérées elles-mêmes comme additives. Ce qu'on peut dire de plus certain en pareil cas, c'est que la systématisation en forme de polynôme n'est pas applicable. [1] ». Autrement dit, on sent apparaître le besoin d'une mathématique de la composition des phénomènes chimiques [2].

On se rend donc bien compte que la science moderne tend à nous libérer des intuitions premières et simples. Nous ne devons être liés par aucune vue *a priori* si nous voulons faire face à toute l'expérience. Les problèmes de l'atomisme gagneront donc à quitter la séduction du réalisme immédiat. Ils devront d'abord être posés comme des résumés de l'expérience, puis repris dans une pensée constructive où la portée et le sens des suppositions initiales seront explicitement définis.

C'est à présenter ce nouvel aspect de la philosophie atomistique que nous occuperons les leçons suivantes.

---

1. *Ibid.*, p. 321.
2. Du point de vue expérimental on pourra consulter sur les propriétés additives les travaux de M. Paul Pascal.

| **DEUXIÈME PARTIE** 83

L'ATOMISME POSITIVISTE

I

Vers 1830, avant même que l'influence d'Auguste Comte ne puisse se faire sentir, une véritable atmosphère positiviste commence à entourer la pensée scientifique française. C'est aussi à partir de cette même date qu'une réaction est visible en Allemagne contre les spéculations aventureuses dont la philosophie de Hegel avait donné trop d'exemples. P. Kirchberger qui fait cette remarque[1] voit là une raison qui limita l'influence de Berzélius et qui détacha les savants de la recherche des propriétés électriques de l'atome. Une étude d'ordre électrique, en enrichissant l'atome chimique d'un caractère supplémentaire, aurait peut-être assuré sa valeur

---

1. P. Kirchberger, *La théorie atomique. Son histoire et son développement*, *op. cit.*, p. 49.

réaliste ; cette étude ne fut pas poursuivie. Désormais, et pour une longue période, l'hypothèse atomique se présentera comme *uniquement chimique*, comme un résumé systémati-
84 quement unilatéral d'un phénomène saisi dans | un seul de ses caractères particuliers. Le positivisme se contente d'ailleurs souvent d'une semblable phénoménologie morcelée où se dessine un plan d'expérimentation plutôt qu'une description complète du phénomène.

L'atomisme scientifique a dès lors été enseigné sous le couvert des précautions positivistes[1]. Ces précautions, répétées à satiété, prétendaient ramener la science à un phénoménisme systématique, en se gardant également des affirmations réalistes et des idées de pure théorie. Cette position systématiquement intermédiaire se révèle, à l'usage, bien difficile à tenir ; aussi, le positivisme incline parfois au réalisme ; d'autres fois, il s'appuie sur une organisation rationnelle de l'expérience. On ne s'étonnera donc pas d'une confusion toujours possible aux frontières des philosophies adverses. En particulier qu'on songe que les intuitions réalistes restent toujours sous-jacentes, que les valeurs logiques d'autre part nous séduisent rapidement ! On comprendra alors que l'atomisme positiviste se présente finalement, entre ces deux tentations du réel et du logique, avec une nuance polémique. L'atomisme positiviste devient ainsi, psychologiquement parlant, si peu naturel, si peu actif qu'il semble un code de précautions pour éviter l'erreur plutôt qu'une méthode de pensée en quête de découvertes.

1. Voir cette tendance à son origine dans les célèbres traités de L. Gmelin, 1788-1853.

Le critérium du positivisme est cependant net : ne rien postuler qui ne puisse être soumis à la vérification du laboratoire. Mais les conditions de la vérification expérimentale des hypothèses | n'engagent pas tout le problème de la forma- 85 tion des hypothèses ; et le positivisme, réduit à sa propre doctrine, est bien incapable de coordonner *a priori* les pensées théoriques. De ce point de vue, l'usage de l'hypothèse atomique du siècle dernier est particulièrement intéressant.

Quand on parlait de l'hypothèse atomique, on ajoutait qu'il ne s'agissait que d'une hypothèse de travail, que d'une supposition toute provisoire. Parfois même, on professait le plus pur nominalisme. L'atome n'était qu'un mot. M. Delacre écrit encore : « Nous n'avons à prononcer le mot *atome* que comme terme empirique, sans nous engager en rien au point de vue philosophique, et sans faire une conjecture sur la constitution de la matière.[1] ». Ainsi le mot atome ne devrait pas s'inscrire au début d'une science, comme une intuition fondamentale, mais on devrait y aboutir, au terme d'une expérience, comme à un résumé commode pour désigner un aspect particulier de l'expérience. L'atome ne donnerait pas lieu à une définition de choses, mais on le retiendrait seulement comme une définition de mot. La théorie atomique prise dans son ensemble serait donc tout au plus un échafaudage pour associer des expériences, ou même un simple moyen pédagogique pour relier les faits. Ainsi Vaihinger cite l'ouvrage de Cooke (*La chimie moderne*, 1875) et ajoute cette remarque très caractéristique : « Le livre est entièrement fondé sur

---

1. M. Delacre, *Essai de Philosophie chimique*, Paris, Payot, 1923, p. 35.

l'Atomistique et cependant l'auteur se défend d'être un atomiste.[1] ».

86 | A cet égard, il serait très instructif de pénétrer l'esprit qui présidait à l'enseignement de la chimie au début du XXᵉ siècle, et même en France, il y a seulement une dizaine d'années. La plupart des livres scolaires, suivant en cela d'étranges instructions ministérielles, reportaient l'hypothèse atomique à la fin du chapitre consacré aux lois de la chimie. Souvent même, l'hypothèse atomique figurait en appendice pour bien marquer qu'on devait enseigner toute la chimie dans la bonne forme positiviste, – par les faits et seulement par les faits. On devait exposer les lois des combinaisons pondérales – lois simples, si claires, si bien enchaînées dans l'intuition atomique – en se gardant de toute référence à l'intuition. L'adresse consistait à ne pas prononcer le mot d'atome. On y pensait toujours, on n'en parlait jamais. Certains auteurs pris de scrupules tardifs donnaient une courte histoire des doctrines atomistiques, mais toujours après un exposé uniquement positif. Et cependant combien ces livres rigoureux eussent paru plus clairs avec l'autorisation de les lire en sens inverse ! Tant il est vrai que les intuitions atomistiques sont à notre disposition ; elles viennent à l'esprit de l'élève comme elles vinrent à l'esprit des philosophes antiques. Il suffit de leur donner le droit de s'exprimer en leur attachant un nom précis pour qu'elles éclairent et soutiennent la pensée scientifique.

Très symptomatique également le débat qui tendait à prouver que Dalton était resté étranger aux intuitions premières. Avec Dalton, c'était sans doute la première fois que

---

1. H. Vaihinger, *Die Philosophie des Als Ob.*, Leipzig, Meiner, 1922, p. 103.

l'atomisme s'introduisait dans des recherches de laboratoire ; c'était la première tentative pour vérifier chimiquement une doctrine développée | jusque-là presque uniquement dans le 87 sens géométrique ou mécanique. Or, sur ce débat, il faut croire Dalton lui-même ; l'examen de son journal, dit Kirchberger, met hors de doute qu'il partit des intuitions fondamentales de l'atomisme et que ce sont ces intuitions qui le conduisirent, comme à une hypothèse, à la loi des proportions multiples. Lange a fort ingénieusement mis en lumière les intuitions daltoniennes en distinguant les deux méthodes, par ailleurs si voisines, de Richter et de Dalton. Les études de Dalton « l'amenèrent, comme le chimiste allemand Richter, à l'hypo-thèse que les combinaisons chimiques s'effectuent en vertu de rapports numériques très simples. Mais, tandis que Richter sautait immédiatement de l'observation à la forme la plus générale de l'idée, c'est-à-dire concluait que tous les phéno-mènes de la nature sont dominés par la mesure, le nombre et le poids, Dalton s'efforçait d'obtenir une représentation sensible des principes sur lesquels pouvaient reposer ces nombres simples des poids de combinaisons, et c'est là que l'atomisti-que vint au-devant de lui à moitié chemin »[1]. A elle seule, la technique de Dalton, assez grossière, n'aurait pu lui permettre de descendre des phénomènes aux principes. Il alla, au contraire, des principes aux phénomènes, de l'intuition à l'expérimentation, à l'inverse de l'idéal positiviste. Mais l'ère positiviste était ouverte ; très rapidement on réforma la psychologie de la découverte daltonienne ; on écrivit l'histoire

---

1. F.-A. Lange, *Histoire du matérialisme*, trad. fr. B. Pommerol, Paris, A. Costes, 1921, t. II, p. 195.

scientifique comme si la pensée élaborée devait réagir sur la pensée primitive et en éclairer les principes.

88 | L'enseignement de la chimie et l'histoire de la pensée scientifique viennent donc de traverser une période où l'artifice prétendait prendre la valeur d'une méthode. Si l'on joint à cette raison de confusion le fait que les intuitions réalistes restent visibles chez les positivistes les plus prudents, on se rend compte que l'atomisme positiviste est assez difficile à isoler. Nous le présenterons donc d'une manière plus dogmatique qu'historique pour dégager autant que possible ses caractères distinctifs.

II

On a dit bien souvent que la chimie moderne avait vraiment commencé avec l'usage systématique de la balance, en s'attachant à la pesée comme *unique* critérium de la connaissance scientifique des substances. Le positivisme prétend ici être d'autant plus sûr qu'il est plus étroit. M. Delacre écrira : « Le poids est le premier principe, le plus positif, et si cela lui est possible, il doit être le seul. [1] ». Il est très remarquable qu'on prétende désigner qualitativement les corps en s'adressant à une qualité unique qui, par certains côtés, peut sembler assez abstraite. En particulier, l'intuition reconnaît mal la permanence du poids sous le changement de volume ; il faut, pour séparer ces deux caractères, une abstraction souvent difficile. Il est également étonnant qu'on puisse prendre la sûreté d'une mesure comme garant de son importance philosophique. La définition d'un corps par la mesure pose d'ailleurs un

1. M. Delacre, *Essai de philosophie chimique, op. cit.*, p. 43.

problème philosophique | qui est loin de pouvoir se résoudre **89** uniformément. M. Urbain, un des positivistes les plus clairs de notre époque, a écrit à ce sujet des pages d'une grande force. « Il importe, dit-il[1], de remarquer que la méthode des physiciens s'écarte de celle des philosophes et des mathématiciens. Ceux-ci partent d'une notion pour définir une grandeur. Ils estiment que la mesure doit suivre la définition. Les physiciens ont une tendance nette à mesurer d'abord et à définir ensuite. » Ce qui reviendrait à dire, sous une forme paradoxale : on ne sait pas tout à fait ce que l'on mesure mais on le mesure très bien. A suivre l'idéal de la science positiviste, il semble d'ailleurs que la science puisse se contenter d'un système de mesures et que la réalité scientifique, c'est la mesure même, plus que l'objet mesuré. Ainsi, M. Urbain continue : « Il est intéressant de remarquer que si l'on définit les grandeurs par la manière dont on les mesure, on ne risque pas de tomber dans les écueils de l'idéologie. Mesurer des poids atomiques par des analyses chimiques et des densités gazeuses assure une indiscutable réalité aux poids atomiques. Quand bien même les atomes n'existeraient pas, les poids atomiques définis par la façon dont ils se mesurent conserveraient une signification éminemment positive. Nous pouvons, du point de vue qui nous intéresse ici, nous soucier fort peu de l'existence des atomes, et affirmer en toute certitude que le poids atomique est une propriété élémentaire absolument générale ». Schutzenberger avait dit de même : « En prenant par exemple, comme base et comme unité l'hydrogène, l'expérience nous apprend | que les proportions de chlore qui **90**

1. G. Urbain, *Les notions fondamentales d'élément chimique et d'atome*, Paris, Gauthier-Villars, 1925, p. 19-21.

entrent en jeu dans les réactions sont toujours des multiples entiers de 35,5... 35,5 est ce que nous appelons l'atome de chlore. On voit combien l'acception est restreinte. En dehors de cette définition, il nous est loisible de nous faire de l'atome telle idée qu'il nous plaira ; nous pouvons le considérer comme un point matériel insécable et doué d'une grandeur et d'une forme réelle, ou comme une particule divisible, elle-même dans une certaine mesure en particules plus petites ; admettre que cet atome n'a aucune dimension réelle pourvu qu'il reste avec la base dans le rapport de 35,5 à 1 ; ou bien encore l'envisager comme un mouvement particulier d'une portion limitée d'un fluide continu qui remplit l'espace. Tout cela importe peu ; rien d'essentiel et de vraiment scientifique ne disparaîtra des principes, des lois et des déductions de la théorie.[1] ». Le point de vue positiviste est donc exprimé, à propos du problème qui nous occupe, avec une netteté admirable. Les intuitions philosophiques sont rejetées au rang d'images subalternes. Les poids atomiques doivent être inscrits dans le phénomène immédiat ; ils n'engagent nullement le problème philosophique de la substance.

Mais ce qui montrera peut-être le mieux la rupture de l'atomisme positiviste avec l'intuition fondamentale de l'atomisme, c'est le sens même que prend ici le concept tout expérimental du poids atomique. En effet, si l'on se cantonne dans l'épistémologie positiviste, on est amené à conclure :

91 | 1) Que le *poids atomique* n'est pas un *poids* ;

2) Que le *poids atomique* n'est nullement en rapport avec l'*atome*.

---

1. P. Schutzenberger, *Traité de chimie générale*, 2ᵉ éd., Paris, Hachette, 1884, Introd., p. v.

La première affirmation est évidente quand on remarque que les poids atomiques s'expriment par des nombres abstraits et non pas par des nombres concrets comme il conviendrait si l'on avait effectivement affaire à des poids. Quant à la deuxième affirmation, on la discutait à peine au XIXᵉ siècle, car on était convaincu qu'on n'aurait jamais aucun moyen d'expérimenter sur l'atome lui-même. C'était d'ailleurs la cause pour laquelle la théorie atomique passait pour le type par excellence de l'hypothèse scientifique confinée par principe au-dessous de la phénoménologie. Pour être bien sûr de ne pas donner une valeur trop réaliste à cette hypothèse, on s'efforçait de désigner le *tableau des poids atomiques* comme un *système des nombres proportionnels de combinaison*. Et dans cette désignation précise, nettement positiviste, tous les mots devraient porter. Il s'agit d'un système, non pas seulement d'un tableau. Il s'agit de nombres, non pas de poids. Il s'agit de proportions toutes relatives, et non pas d'une référence quelconque à cet absolu de l'être que serait un atome. Autrement dit, le concept de poids atomique est, du point de vue positiviste, doublement mal nommé. C'est un concept qui s'appuie sur une intuition indirecte alors même qu'il prétend traduire directement l'expérience. Il faut tout un corps d'expériences systématiques pour donner à ce concept une cohérence expérimentale. Cela revient sans doute à dire que ce concept ne correspond pas à une chose déterminée comme le voudrait la philosophie réaliste. Il n'est peut-être qu'un symbole pour organiser logiquement ou économiquement notre expérience.

| Sans nous astreindre à reprendre l'histoire des doctrines 92 chimiques au XIXᵉ siècle – on trouvera cette histoire répétée dans maint ouvrage – nous devons alors entreprendre de caractériser ce qu'il y a à la fois de relatif et de coordonné dans la stœchiométrie.

Le positivisme le plus direct – le plus pur aussi – aurait pu se satisfaire de la loi des proportions définies énoncée par Proust. Cette loi permettait bien de cataloguer toutes les combinaisons chimiques en rapprochant simplement deux nombres proportionnels de combinaison. Il semble en effet qu'on tienne *tout le phénomène* de la combinaison quand on sait, par exemple, que la combinaison du fer au soufre pour donner le sulfure de fer a lieu dans la proportion de 56 à 32. Avec la loi de Proust, on avait donc le moyen de décrire toute la phénoménologie chimique, sans s'inféoder à aucune théorie, à aucune intuition, en adjoignant purement et simplement à tout composé la proportion pondérale de ses constituants. Il faut d'ailleurs bien remarquer que c'est au composé, non au corps simple, que le positivisme intransigeant devrait rattacher tous les résultats de la stœchiométrie puisque nous n'avons *a priori* aucune garantie que le corps simple se conduira de la même façon dans des combinaisons différentes.

Le succès vint cependant de la convention contraire qui revient à fixer, pour un corps simple, un nombre particulier. On reconnut en effet qu'en considérant trois éléments susceptibles de donner, deux à deux, trois combinaisons binaires, on pouvait décrire ces trois combinaisons en attachant un seul nombre à chacun des corps ; et non pas deux à chacun des corps 93 comme il | semblerait nécessaire pour décrire les deux combinaisons auxquelles il participe. On fait donc tout de suite une importante économie d'hypothèses. C'est alors que le système des poids atomiques se constitue par une espèce de triangulation qui nous semble la trace d'une ontologie profonde, à partir de laquelle on pourrait commencer une polémique entre le positivisme et le réalisme. C'est peut-être sur ce simple problème de la combinaison pondérale que les débats seraient le plus utiles. Précisons donc aussi nettement que possible ce problème ; pour cela, prenons un exemple.

On reconnaît par des analyses et des synthèses que la combinaison de l'hydrogène et du chlore se fait en poids dans la proportion de 1 à 35,5. De même, la combinaison du sodium et du chlore se fait dans la proportion de 23 à 35,5. Il semblerait qu'il y ait là deux faits bien positifs, sans aucun lien théorique ou expérimental. En particulier, si l'on doit examiner, à la suite des deux premières recherches, la combinaison de l'hydrogène et du sodium, il semble qu'on n'ait nullement limité, par la connaissance des deux proportions précédentes, l'imprévisibilité essentielle de l'empirisme. Et cependant, voici qu'on constate que les proportions de la combinaison de l'hydrogène et du sodium sont précisément 1 et 23 ! Il y a là un soudain enchaînement des faits, un cycle de l'être qui se ferme avec une perfection qu'on peut à bon droit qualifier de rationnelle si l'on veut bien comprendre que la meilleure preuve de rationalité, c'est la prévision. D'une première liaison tout empirique entre A et B et d'une seconde liaison tout empirique entre A et C, on infère la liaison de B à C, avec la même assurance que si la liaison | considérée était une égalité algébrique, sans que rien **94** cependant ne légitime cette méthode transitive. Aux faits s'ajoute soudain une loi fondamentale. L'axiome : deux quantités égales à une troisième sont égales entre elles, devient ainsi un des schèmes de la stœchiométrie. Ce schème se traduit substantivement dans la loi de Berzélius : si deux corps s'unissent à un même troisième dans certaines proportions, ils s'unissent entre eux dans les proportions exactes où ils s'unissent individuellement au troisième corps.

Si l'on songe maintenant qu'on va pouvoir reprendre le même problème à propos d'un quatrième puis d'un cinquième corps et ainsi de suite, on se rend compte que l'ensemble des nombres proportionnels de combinaison va se coordonner de plus en plus fortement. Loin de se prodiguer, l'empirisme finira par présenter une économie systématique. On croyait décrire un ensemble de corps, on s'aperçoit qu'on construit un système de la substance. Mais c'est peut-être encore moins l'extension du système qui doit nous émerveiller que la réussite constante d'un même nombre abstrait attaché à un corps simple pour mesurer son pouvoir de combinaison générale. Bien que nous soyons partis du phénoménisme positiviste le plus systématique, nous arrivons insensiblement et malgré nous à des expressions réalistes. En effet, comment ne pas dire qu'un élément chimique est caractérisé par un nombre invariable qui lui appartient en propre, par son poids atomique ?

Même réussite de la coordination au sujet de la loi de Dalton sur les proportions multiples ; mais cette fois la réussite est moins étonnante. En étudiant toutes les combinaisons 95 binaires | de deux corps simples, dans le cas où ces deux corps simples pouvaient donner non pas un seul, mais plusieurs composés, Dalton reconnut que les combinaisons, comparées à un même poids, d'un des corps, donnaient par l'autre corps des nombres proportionnels qui étaient des multiples simples de l'un deux. Expression bien obscure mais qui précisément s'éclairerait si nous prenions le droit de la traduire dans le langage des intuitions atomistiques ! On a d'ailleurs souvent fait remarquer que la loi de Dalton ne pouvait être aperçue au niveau de l'expérience qu'en raison des petits nombres que la combinaison chimique met en jeu. Si les composés étudiés en premier lieu avaient eu la complexité de certains corps organiques étudiés par la chimie contemporaine, Dalton n'aurait pas pu formuler sa loi ; la marge d'imprécision des analyses aurait brouillé complètement des proportions un peu complexes. Preuve nouvelle que Dalton était guidé par des intuitions atomistiques. Il faut d'ailleurs remarquer que les intuitions atomistiques se sont toujours développées d'accord avec la claire intuition que l'arithmétique donne pour les petits nombres. A certains égards, un fait qui s'exprime avec des nombres élevés donne toujours l'impression de s'apparenter au hasard. Ne paraît primitivement rationnel et clair que ce qui se compte sur les doigts.

III

Ainsi très rapidement le phénomène chimique se laissait morceler arithmétiquement et se soumettait de lui-même à l'hypothèse atomique. Cette hypothèse semblait donc avoir achevé | son rôle. En fait, on la reprit cependant à bien d'autres 96 points de vue. On tenta, comme nous allons le rappeler, de morceler suivant les mêmes principes, d'autres phénomènes que le phénomène chimique. Aussi, devant les succès convergents d'une même hypothèse, on verra s'imposer au positivisme une question philosophique que le positivisme ne peut guère résoudre : comment une simple hypothèse de commodité peut-elle réussir dans des domaines si variés ? N'est-ce pas là la preuve d'une valeur plus réelle ou plus rationnelle ? Et dès lors, par son succès répété et en quelque sorte trop complet, l'enquête positiviste en vient à rencontrer un obstacle métaphysique : une simple hypothèse ne devrait pas être utile en dehors de son domaine de base. En d'autres termes, si une convention réussit à plusieurs points de vue, elle est nécessairement plus qu'une convention.

Prenons donc quelques exemples propres à montrer avec quelle facilité l'hypothèse atomique s'épaissit ; comment, autour d'elle, se rassemblent les faits les plus divers ; bref, comment son réalisme s'impose peu à peu malgré toutes les précautions positivistes.

Un des cas les plus nets est sans doute la loi proposée dès 1819 par Dulong et Petit. Elle est relative à la chaleur spécifique des corps simples. Dulong et Petit ont fait d'abord un grand effort de précision expérimentale, et dans leur premier mémoire ils donnèrent pour onze métaux et deux métalloïdes un tableau des chaleurs spécifiques avec quatre décimales, ce qui est peut-être une approximation trop ambitieuse. Quoi qu'il en soit à cet égard, ce qu'il faut bien comprendre, c'est que ce tableau est dressé en dehors de toute 97 référence à la doctrine | atomistique. Si l'on examine les nombres du tableau, on ne saisit entre eux aucun rapport. En particulier, des corps de densités très différentes comme l'or et le plomb ont la même chaleur spécifique, à la quatrième décimale près ; des corps qui ont à peu près la même densité comme le cuivre et le fer ont au contraire des chaleurs spécifiques très différentes. On ne voit donc aucune relation entre la densité des corps et leur coefficient de chaleur spécifique. Il semble bien, à considérer les nombres tels que les livre le laboratoire, qu'on soit ici devant un empirisme opaque.

Mais tout s'éclaire subitement si l'on examine ce tableau à la lumière des intuitions atomistiques. En effet, si l'on multiplie les chaleurs spécifiques de chacun des corps simples par le poids atomique correspondant, on va découvrir que le produit est constant, quel que soit le corps considéré. C'est dans ce rapprochement inattendu que consiste la loi de Dulong et Petit.

Quand on considère attentivement le double jeu des approximations des deux tableaux et qu'on se rend compte que tout ce luxe de décimales ne trouble pas la constance du produit arithmétique, on est tenté de dire que, même sous le simple rapport de la mesure, les deux tableaux, celui des chaleurs spécifiques et celui des poids atomiques, de prime abord purement empiriques se rationalisent mutuellement. De toute manière, il intervient, grâce à l'usage de l'hypothèse atomique de la chimie dans un problème de physique, une limitation de l'arbitraire qu'on doit souligner. Ce caractère n'avait pas échappé à Dulong et Petit qui écrivaient en tête de leur mémoire : « Les considérations fondées sur l'ensemble des lois relatives aux proportions des composés | chimiques permettent 98 maintenant de se former, sur la constitution des corps, des idées qui, quoique arbitrairement établies dans plusieurs points, ne sauraient cependant être regardées comme des spé-culations vagues et absolument stériles ». Les philosophes n'ont peut-être pas assez réfléchi sur cette *élimination automatique de l'arbitraire*, sur cette constitution naturelle et progressive du rationalisme physique.

Bien entendu ce rapport de rationalité réciproque entre les deux tableaux empiriques apporte un nouveau moyen de prévi-sion et de précision. Ainsi, quand on hésitera à fixer certains nombres proportionnels de combinaison entre lesquels les analogies chimiques ne permettront pas à elles seules de choisir, on prendra le nombre qui satisfait à la loi de Dulong et Petit.

Des considérations similaires pourraient être faites au sujet des lois de Raoult qui permettent de déterminer le poids molé-culaire de certaines substances en fonction de l'abaissement du point de congélation d'un liquide où elles sont dissoutes. Là encore, on verrait des phénomènes d'ordres divers se coordon-ner par le fait même qu'on les étudie en les interprétant dans l'hypothèse atomique. C'est donc une preuve de plus que cette hypothèse porte sa clarté dans un domaine où elle n'est pas une supposition primitive. Elle ne joue donc plus, à proprement parler, un rôle d'hypothèse dans ce domaine étranger. Elle est en quelque manière consacrée comme loi rationnelle par une réussite dans une organisation empirique nouvelle.

Mais l'exemple le plus frappant d'une hypothèse qui devient d'abord une loi positive, toute phénoménale, puis finalement un | fait bien isolé, se trouve sans doute dans les développements qu'a pris l'intuition d'Avogadro.

Avogadro avait été frappé du caractère très simple et presque rationnel des lois que Gay-Lussac avait énoncées pour les combinaisons en volume des corps pris sous forme gazeuse. Ainsi, au lieu du rapport pondéral compliqué et tout empirique 1 à 35,5 qui fixe la combinaison de l'hydrogène et du chlore, Gay-Lussac trouvait qu'un volume d'hydrogène s'unit au même volume de chlore pour donner un volume double d'acide chlorhydrique. D'autre part, Gay-Lussac avait établi que tous les gaz ont le même coefficient de dilatation. A tous points de vue, la simplicité avec laquelle se développent les phénomènes relatifs aux gaz conduisait à admettre « qu'il y a aussi des rapports très simples entre les volumes des substances gazeuses et le nombre des molécules simples ou composés qui les forment. L'hypothèse qui se présente la première à cet égard, et qui paraît même la seule admissible, est de supposer que le nombre des molécules intégrantes dans les gaz quelconques est toujours le même à volume égal, ou toujours proportionnel aux volumes ». C'est en ces termes qu'Avogadro explique son hypothèse au début de son mémoire. Intuitivement cela revient, comme l'a souligné Dumas, à supposer que « dans tous les fluides élastiques sous les mêmes conditions, les molécules se trouvent placées à égale distance ». Elles sont alors manifestement en même nombre pour des volumes égaux.

Naturellement, pour ce qui est de la détermination effective du nombre des molécules ou de leur distance naturelle, c'était là une question qui ne pouvait guère venir à l'esprit des Avogadro | et des Dumas. Il suffisait que l'hypo- 100 thèse parût claire et naturelle et qu'on l'utilisât prudemment en se bornant à affirmer la *proportionnalité* du nombre des atomes au volume du gaz.

Longtemps on a voulu confiner la pédagogie de la science chimique sur cette simple affirmation de proportionnalité. On prétendait exorciser toute référence au nombre des atomes en dépit même de l'intuition primitive d'Avogadro. Nouvel exemple de l'effort fait par le positivisme pour masquer l'atomisme tout en utilisant ses leçons ! On se lança alors dans la construction de concepts très artificiels qui paraissaient bien éloignés de toute valeur intuitive ou pédagogique, encore qu'ils fussent en relation directe avec les données du laboratoire. On inventa des locutions barbares, des raccourcis verbaux qui réclament de longs commentaires pour être effectivement pensés. C'est ainsi qu'on parla, dans les livres d'initiation eux-mêmes, de molécule-gramme, d'atome-gramme, de valence-gramme. Et l'on put après cette préparation rationnelle énoncer *la loi* toute positive, tout immédiate d'Avogadro : pour tous les gaz pris à zéro degré et à la pression de 760 mm. de mercure, la molécule gramme occupe le même volume ; ce volume est 22,4 litres.

Sous cette forme, on avait réussi à arracher la racine intuitive de la théorie d'Avogadro. On n'avait plus une hypothèse mais une loi empirique, une loi qu'on acceptait avec ses déterminations approchées et dont on n'avait pas à rechercher la raison.

Et cependant, malgré toute interdiction, la vie des intuitions premières subsistait. C'est en les utilisant que les diverses lois dérivées s'éclairaient facilement. En effet, si l'on veut bien postuler :

1) Que les atomes existent,

101 | 2) Qu'un atome particulier a un poids qui est vraiment un de ses caractères absolus, sans qu'on ait besoin de le référer à un second corps dans une composition éventuelle, on infère immédiatement de l'hypothèse d'Avogadro que la densité gazeuse est proportionnelle au poids de l'atome. D'où toute une substructure claire et rationnelle qui vient soutenir l'assemblage de définitions dont la méthode positiviste précédente se contentait d'affirmer le caractère conventionnel.

En fait, comme on le sait, c'est au profit de l'intuition et du réalisme, que la science a progressé dans ce domaine. M. Perrin a déterminé, de quatorze manières différentes, le nombre de molécules contenues dans 22 litres d'un gaz aux conditions normales de température et de pression. Des expériences aussi variées ont naturellement donné des résultats assez différents. Mais la convergence est cependant suffisamment nette pour qu'on soit sûr de ne pas poursuivre un fantôme. Le *nombre* d'Avogadro est maintenant une des données fondamentales de la science atomique. On s'accorde à dire qu'il y a dans 22,4 litres d'un gaz quelconque 60×10^{22} molécules.

On arrive donc, dans cette voie, non seulement à légitimer l'hypothèse d'Avogadro, mais encore à en prendre une sorte de mesure. C'est une physique de l'objet qui est remise à la base d'une physique de la compensation des phénomènes. La ligne qui va de l'hypothèse d'Avogadro à la loi d'Avogadro, puis de la loi d'Avogadro au nombre d'Avogadro retrace toute l'histoire scientifique d'un siècle. Le long de cette ligne une intuition s'éclaire et se précise. Cette intuition déborde finalement le positivisme.

| D'une manière générale, l'action du positivisme apparaît 102 donc historiquement comme un intermédiaire. Il apparaît au contact avec deux métaphysiques diverses, un rationalisme de l'hypothèse et le réalisme des vérifications convergentes. Deux métaphysiques ? C'est peut-être pour cette raison que le positivisme prétend ne s'inféoder à aucune. Dans le règne de l'intuition, être libre, c'est avoir deux maîtres.

L'ATOMISME CRITICISTE

I

L'enquête menée par Hannequin sur la science de son temps est si avertie et si ample qu'il peut sembler injuste de la caractériser par la dénomination assez étroite d'*atomisme criticiste*. Cependant, même sous les formules les plus précautionneuses, on va voir réapparaître la grande leçon kantienne. Ainsi, au début de son livre, A. Hannequin pose sans doute, – élémentaire prudence de tout philosophe, – l'alternative fondamentale de l'atomistique : l'atomisme résulte-t-il de la constitution même de notre connaissance ou bien trouve-t-il son unique raison d'être dans la nature matérielle ? Mais aussitôt, Hannequin s'aperçoit que les deux membres de l'alternative n'ont pas le même poids ; la deuxième partie, tournée vers le réalisme, ne peut être maintenue dans son absolu et par conséquent dans sa fonction caractéristique. En effet, Hannequin qui prend ici comme un axiome le principe fondamental du criticisme ajoute immédiatement[1] :

104 | D'ailleurs, même double en apparence, la question est encore unique au fond : tant il est vrai que notre esprit ne peut en quelque sorte se dégager et sortir de lui-même pour saisir la réalité et l'absolu dans la nature.

Une théorie criticiste de l'atomisme devra naturellement chercher la convergence des preuves au point de départ même, dans la première emprise de l'esprit sur la matière. Si cette convergence dans l'*a priori* intellectuel se trouve en opposition avec une hétérogénéité des éléments empiriques, cette convergence tout homogène n'en paraîtra que plus significative. On aura bien la preuve que l'atomisme ne relève pas de la nature matérielle, mais au contraire qu'il provient du mode d'aperception et d'intellection. Dès la première page de son ouvrage, Hannequin a prévu ce caractère *d'application hétéroclite* de l'intuition atomistique. L'atome du chimiste et celui du physicien, dit-il, n'ont guère autre chose de commun que le nom. Cette constatation, – qui contenterait à première vue un partisan de l'*atomisme nominaliste*, – amène à poser, si on l'étudie plus avant, le problème *critique* dans toute sa netteté.

D'abord, les affirmations formelles ne manqueront pas pour assurer le point de vue *critique* : « L'atomisme physique n'est… point imposé à la science par la réalité, mais par notre méthode et par la nature même de notre connaissance ; on aurait tort de croire qu'il implique nécessairement la discontinuité réelle de la matière ; il implique seulement que nous la

---

1. A. Hannequin. *Essai critique sur l'hypothèse des atomes dans la science contemporaine*, Paris, G. Masson, 1895, p. 3.

faisons telle pour la | comprendre, et que notre mathématique y 105
introduit la discontinuité en s'efforçant de la construire.[1] ». De
même : « l'atomisme a sa raison dans la constitution même de
notre connaissance ». Et Hannequin ajoute, s'éloignant ainsi
des thèses purement nominalistes : il ne suffira pas de montrer
que, de toutes les hypothèses, l'atomisme est la plus claire, la
plus commode et la plus féconde, « notre ambition à nous
est de montrer qu'il est une hypothèse nécessaire »[2]. Or cette
nécessité, on ne la conquiert que sur le terrain de l'*a priori*,
dans le domaine même où le criticisme a fait ses plus durables
découvertes.

II

Il nous semble en effet presque évident que tout criticisme
doit être ordonné sur un plan hiérarchique et qu'il ne saurait se
satisfaire d'une espèce d'*empirisme de la raison*, lequel se
bornerait à trouver et à décrire les lois que suit, en fait,
l'entendement. Une règle doit être tendue sous la loi ; à ce
compte seulement, l'esprit peut retrouver son unité jusque
dans la diversité de ses propres fonctions. Ainsi, pour ce qui
concerne l'atome postulé par une doctrine criticiste, on doit
pouvoir marquer un caractère vraiment péremptoire et
premier. En fait, chez Hannequin, ce caractère décisif ne
manque pas : c'est le nombre. L'atome, dit-il, a « son origine
dans l'usage universel du *nombre*, qui marque de son
empreinte tout ce qu'il touche »[3]. Et encore, « l'atome... est né

1. *Ibid.*, p. 26.
2. *Ibid.*, p. 12.
3. *Ibid.*, p. 26.

du nombre ; il est né du besoin qui pousse notre esprit à
106 | porter l'analyse jusqu'aux régions où elle rencontrera l'unité
bien définie, l'élément intégrant, indivisible dont sont faites
les choses, si bien que, ne l'y trouvant point, elle détermine, en
cette matière tout idéale qu'on appelle l'Espace, l'élément
qu'elle y cherche et qu'elle y constitue »[1].

D'ailleurs, si l'on veut bien comprendre notre auteur, il
convient d'écarter tout de suite la conception d'une racine
expérimentale et réaliste du nombre. Pour Hannequin, le
nombre est, de toutes pièces, une création de notre entendement. L'unité elle-même reste relative à notre acte, peut-être à
notre volonté, ou plus précisément elle est contemporaine de
notre action intellectuelle sur le monde de la représentation[2].
« Loin donc qu'elle soit tirée, par abstraction, des grandeurs
sensibles et continues, l'unité est pour nous l'instrument
unique qui les détermine et qui les met à la merci de notre
raison. » Bien entendu, si l'unité ne peut se trouver toute
constituée *dans un objet*, si elle ne peut tout au plus que se
fonder *à propos d'un objet*, il en va de même *a fortiori* des
différents nombres qui restent toujours des fonctions du point
de vue où se place notre entendement.

La pluralité objective ne serait alors tout au plus qu'un
prétexte pour énumérer les actes de notre entendement, les
différentes étapes de notre connaissance. Cette pluralité
pourrait toujours être accrue dans la proportion où notre
connaissance s'affine. L'unité serait ainsi à la fois un arrêt et
une racine de la connaissance objective.

---

1. *Ibid.*, p. 69.
2. *Ibid.*, p. 11.

Devons-nous prendre à la lettre cette déclaration et voir dans | l'unité l'*unique instrument* capable d'apporter 107 une détermination préalable dans le monde de l'objet, détermination qu'on peut certes compléter sous d'autres rapports mais qui est tout de même achevée du premier coup dans son propre domaine ? L'emprise rationnelle, si l'on pouvait la considérer comme aussi décisive, entraînerait immédiatement la preuve du criticisme atomistique.

Pour éclaircir cette question, le mieux est sans doute de suivre Hannequin dans ses premiers efforts, au moment où il tente d'installer l'unité et le nombre, – c'est-à-dire l'atome criticiste, – jusque dans le continu géométrique.

III

Un des titres du livre où Hannequin étudie l'atomisme en géométrie est d'ailleurs très caractéristique : «Présence virtuelle du nombre dans la figure géométrique». Cette virtualité étant manifestement d'ordre spirituel accentue bien le caractère *critique* de l'intuition première. Tout l'effort de notre auteur consiste alors à montrer que nous ne comprenons les relations de l'étendue figurée que par l'intermédiaire de la mesure. De l'essence des figures, affirme-t-il, «nous ne comprenons rien que ce qui peut entrer en des rapports de proportion ou d'égalité, que ce qui se compte et se mesure »[1].

Hannequin écrivait à une époque où l'on prétendait fonder l'algèbre et l'analyse sur le nombre entier. Si ces prétentions avaient pu être réalisées, on aurait donné une substructure

---

1. A. Hannequin. *Essai critique sur l'hypothèse des atomes...*, *op. cit.*, p. 34.

108 rationnelle | à l'irrationnel lui-même en ce sens que la mesure
aurait toujours été réductible à des ensembles finis ou indéfinis
de nombres entiers. Ainsi, sous le continu géométrique, la
pensée mathématique aurait retrouvé un pythagorisme
constitué par des nombres et des ensembles.

De nos jours, il semble que cette base arithmétique soit trop
étroite. Même en analyse, les extensions opératoires conduisent à de telles déformations de la notion de nombre qu'on ne
peut guère retrouver les traits simples de l'arithmétique dans le
nombre généralisé. Au surplus, l'intuition toute métrique de
Hannequin fait bon marché de toutes les intuitions projectives,
ordinales, qui, au XIXe siècle déjà, avaient attiré l'attention de
nombreux géomètres. L'essai de Hannequin nous paraît donc,
sur ce point, bien artificiel.

Mais ce caractère artificiel ne devait naturellement pas
faire objection pour un adepte de la philosophie critique. Tout
au contraire, on devait saisir là l'action atomisante de
l'entendement. L'exemple était d'autant plus saillant que
l'étendue régulière et uniforme ne semble pas de prime abord
apporter un seul prétexte pour une intuition atomistique.
Soulignons donc bien, que l'atomisme ne réside pas dans
l'objet examiné, qu'il n'est par conséquent nullement réaliste,
mais qu'au contraire cet atomisme est solidaire de la méthode
d'examen. En effet, l'unité apparaît du fait de l'égalité de deux
étendues. Deux étendues étant conçues comme égales, elles
font, l'une à l'égard de l'autre, fonction d'unité. C'est par
la mise en relation, – tout entière sous la dépendance de
l'entendement, – que l'on saisit un caractère des grandeurs
109 comparées. Aucun réalisme antécédent ne peut | provoquer et
soutenir l'intuition. Ce n'est pas en contemplant une grandeur
qu'on peut comprendre son unité, c'est en lui donnant une
fonction d'unité, en l'engageant tout entière dans une syn-

thèse, en la prenant au besoin comme une unité instrumentale en vue bien entendu d'une relation à examiner. Autant d'expressions qui marquent, croyons-nous, le sens critique de l'atomisme du nombre plaqué par la méthode de mesure sur l'informe continu livré par l'intuition géométrique première.

Même caractère artificiel vis-à-vis du continu conçu comme devenir de la quantité. Hannequin retourne au temps de la découverte du calcul différentiel. Il caractérise ce calcul comme le moyen de mesurer la variation graduelle des figures. «En pénétrant si avant dans l'intime essence des figures, l'analyse allait y retrouver ou, pour mieux dire, y porter à sa suite les déterminations du concept, qui est le principe de toute analyse, avec ses valeurs finies, la quantité discrète avec la notion qu'elle implique d'une unité composante et d'un indivisible.[1]» Comme on le voit, le mot *retrouver* est immédiatement corrigé par le mot *porter*. L'esprit ne retrouve que ce qu'il apporte. C'est toujours notre entendement qui *porte* sa détermination sur le continu intuitivement indéterminé. Il s'agit encore ici d'une synthèse, d'une construction qui s'appuierait sur les *indivisibles* au sens de Cavalieri, tentative désespérée où Hannequin accumule les ressources conjuguées d'une philosophie axiomatique et critique, espérant et doutant à la fois que le continu possède les indivisibles, mais en se bornant toujours à faire la preuve qu'il les reçoit. Ce serait donc | l'analyse infinitésimale conçue comme un complexe de 110 relations qui conduirait «nécessairement l'esprit à postuler, dans tout objet géométrique, des éléments indivisibles. Non peut-être qu'il en existe de tels : et comment d'ailleurs, à moins

1. A. Hannequin. *Essai critique sur l'hypothèse des atomes...*, *op. cit.*, p. 36.

de prêter à l'intuition géométrique une valeur objective, à l'Espace une réalité qu'ils ne sauraient avoir, pourrait-on supposer l'existence d'unités absolues dont seraient faites les figures ? Comment, en un objet tout idéal, entièrement fait d'images et de concepts, prétendrait-on qu'on va saisir les conditions essentielles de l'être, un être véritable, un absolu ? Mais précisément s'il est idéal, y postuler l'indivisible, c'est moins, pour l'entendement, exiger qu'on l'y rencontre, au terme de l'analyse, comme une chose préexistante, que ce n'est, par la voie même de l'analyse, l'y introduire et l'y constituer. Dans l'infini ou dans l'indéfini, notre esprit n'est à même de comprendre que des valeurs finies ; et c'est pourquoi, quand il a prise sur l'objet, il y fait naître ces dernières, pour que l'objet devienne intelligible » [1].

Le problème serait donc de reconstituer avec des éléments statiques la fuite indéfinie du devenir et d'arriver ainsi à une théorie discontinue de la dérivée. Débat traditionnel qu'on peut bien éluder, mais qu'on n'élucide pas. A propos de ce débat, Couturat dirige une critique pénétrante contre la thèse de Hannequin [2]. En substance, sur ce point précis, Couturat objecte que les mathématiciens acceptent tout d'un coup le devenir de la quantité. Par la dérivée, ils prétendent même 111 comparer deux devenirs, | celui de la différentielle de la variable et celui de la différentielle de la fonction. Or, si l'on prend chacun de ses devenirs comme des faits indépendants, voici qu'on s'aperçoit qu'on a en face de soi le Devenir tout court, non différencié, aussi pauvre dans son principe que

1. A. Hannequin. *Essai critique sur l'hypothèse des atomes...*, *op. cit.*, p. 37.
2. *Revue de Métaphysique et de Morale*, 1896-1897.

l'Être saisi dans un concept. On ne trouverait donc pas, dans la comparaison de deux devenirs, le moyen de les individualiser.

Cependant, en développant quelques thèmes apparents dans la philosophie de Hannequin, on pourrait répondre aux objections, – toutes mathématiques, – de Couturat. Sans doute Hannequin échoue, après tant d'autres, devant la tâche d'épuiser le continu. Mais il semble bien qu'il ait vu tout ce que la *comparaison* avait d'actif à l'égard des deux processus d'évanouissement qui interviennent dans la valeur limite de la dérivée mathématique. C'est au moment même de la comparaison que le devenir de la fonction est saisi comme fonction du devenir de la variable. C'est par la comparaison que les quantités mises en rapport se morcellent, s'atomisent, se dispersent. On voit donc ici une racine de cet *atomisme par la relation*, éloigné de tout caractère ontologique, entièrement justifié par l'hypothèse du criticisme.

D'ailleurs, on se rend bien compte qu'il faudra dans cette intuition utiliser autant d'atomes qu'il y a de comparaisons quantitatives possibles. L'atome de la quantité n'est donc pas une chose, c'est la marque d'un rôle. Et c'est à cette prolixité que songe Hannequin quand il loue Hobbes d'avoir pris pour l'explication de toutes les formes des phénomènes « autant d'espèces de matière subtile, autant d'espèces d'atomes qu'il en faut, atomes au regard les uns des autres, comme le sont entre eux des | infiniment petits de divers ordres consécutifs[1] ». 112 Il est bien sûr que s'il faut des atomes différents pour expliquer la chaleur, l'élasticité, l'électricité, la chimie, il faut une

---

1. A. Hannequin. *Essai critique sur l'hypothèse des atomes dans la science contemporaine, op. cit.*, p. 70. – *Cf.* F.-A. Lange, *Histoire du matérialisme, op. cit.*, t. II, p. 191.

pluralité vraiment innombrable pour symboliser tous les grains de nos approximations. Plus les approximations sont poussées, plus menus sont les atomes de la quantité mis en œuvre. Ces atomes sont donc fonction de la méthode. Ils sont bien sous le signe d'une philosophie critique.

IV

La recherche de l'unité, puis de l'élément, au sein même du continu géométrique apparaît elle-même comme frappée d'une virtualité essentielle, et Hannequin est bien obligé de conclure que « l'analyse qui nous donne le concept de l'élément géométrique ne nous eût jamais donné celui de l'atome si notre esprit n'eût exigé l'Explication mathématique de la nature ». De toute cette recherche, il ne reste finalement que la preuve du bien-fondé de la position criticiste : en effet, puisque la conception de l'atome est *effectivement préparée* par la conception de l'élément géométrique, c'est que l'atome s'apparente à l'intuition et qu'il ne contredit pas les données de l'Esthétique transcendantale. On pourra alors s'adresser à la mécanique pour achever[1] « la détermination qui n'était qu'en puissance dans la géométrie ; si bien que l'atomisme, dont la raison cachée remonte jusqu'à l'Analyse, | et, à travers cette dernière, jusqu'à l'entendement, ne trouve que dans la mécanique et dans l'explication mécaniste des choses, la cause première et comme l'occasion de son apparition ».

113

---

1. A. Hannequin. *Essai critique sur l'hypothèse des atomes dans la science contemporaine*, *op. cit.*, p. 73.

D'ailleurs, c'est maintenant l'instant décisif. C'est ici même, à propos des principes de la mécanique, que l'atome, en tant que facteur d'intelligibilité, doit faire la preuve de son succès.

En effet, on peut dire qu'avec la mécanique, « notre mathématique s'approche d'aussi près qu'elle le puisse des phénomènes et du réel. Au delà du mouvement, il n'est plus rien en eux qu'elle soit capable de connaître ». Hannequin écrit à l'heure où le *mécanisme* est l'espoir même de la science. *Le mécanisme* a donc alors cette clarté qui prime tout : la clarté de l'idéal et du but. Mais ce n'est pas le moment pour nous de juger cette ambition ; nous devons seulement marquer sa portée philosophique. Or cette partie de notre tâche est d'autant plus difficile que dans le même passage où Hannequin affirme le sens criticiste de sa propre recherche, il rappelle l'hostilité de Kant contre toute thèse de la discontinuité de la masse. Malgré cela, l'idéal criticiste est indéniable. Pour Hannequin, il s'agit bien de montrer que l'application des concepts élémentaires, formés à partir de l'intuition géométrique, nous astreint à postuler un élément de masse et qu'une même *nécessité* épistémologique, – signe criticiste péremptoire, – conduit, d'une manière insensible, des principes de la géométrie aux principes de la mécanique. C'est une preuve, pour le dire en passant, que la mécanique est prise ici comme une science de lois et non pas comme une science de faits.

Voyons donc comment la mécanique aide à la constitution de l'atomisme.

| Le premier concept métrique qu'on rencontre quand on 114 veut construire la mécanique en partant de la géométrie, c'est évidemment le concept de *vitesse*. Il semble même d'abord qu'avec cette notion, on puisse intégrer tout le phénomène du mouvement dans l'intuition géométrique. En fait, sur ce point

précis, les réflexions de Hannequin sont courtes et cela s'explique, puisque tout le commentaire qui devrait ici accompagner la comparaison métrique du temps et de l'espace a déjà été développé à propos des fondements du calcul différentiel.

Sans suivre Hannequin qui ne nous apporterait rien de nouveau sur le problème philosophique de la vitesse on pourrait tenter de caractériser cette parenté de la vitesse et de la dérivée. Au fond, on pourrait dire aussi bien : la vitesse est une dérivée ou la dérivée est une vitesse. De l'une à l'autre expression, il y a cependant un renversement de l'ordre épistémologique, puisque la première expression ramène une expérience à l'intuition géométrique et conduit à comprendre la mécanique par l'analyse tandis que la seconde expression illustre – si elle ne l'explique – l'intuition par l'expérience. Or la philosophie criticiste trouvera plus de satisfaction à comprendre, en suivant la première thèse, la vitesse uniquement comme une dérivée. C'est ainsi qu'on pourra le plus facilement saisir le temps dans son indépendance vis-à-vis de l'espace, c'est-à-dire dans son rôle mathématique de variable essentiellement indépendante. De cette manière aussi, le temps est bien tiré de l'intuition interne. Cependant, il faut toujours en arriver à appliquer extérieurement le temps, forme de la sensibilité interne ; il faut donc, si réfractaire qu'il soit à la mesure, lui trouver quand même une mesure, quelque indirecte
115 qu'elle | soit. Cette mesure, le temps la recevra de l'espace, dans son relativisme avec l'espace, par l'intermédiaire tout mathématique de cette notion de dérivée qui analyse parfaitement la notion de vitesse.

Telle est peut-être la justification qu'on pourrait apporter à la thèse de Hannequin. Là encore, l'atomisme se constitue grâce à une mise en relation de deux processus de morcellement essentiellement différents : en soi, l'atomisme du temps est aussi inconcevable que l'atomisme de l'étendue ; mais, *dans leur relation*, ces deux virtualités, si confuses et si obscures à l'état séparé, s'éclairent l'une l'autre, et, au sens propre du terme, s'affirment mutuellement. La double fuite indéfinie du temps vers l'instant, de l'espace vers le point, désigne par un simple rapprochement une limite bien déterminée. Autrement dit, l'individualité de la vitesse, – son réalisme, – s'avère par la mise en relation de deux atomismes hétéroclites et frappés tous deux d'une fondamentale virtualité. Cette mise en relation se fait, comme il va de soi dans une thèse criticiste, par l'entendement qui relie ainsi les deux formes de la sensibilité.

Bien entendu, Hannequin ne pouvait prévoir qu'une époque viendrait où l'on parlerait d'un discontinu réel pour les vitesses et pour les énergies. Tout son effort, en ce qui concerne la cinématique et la géométrie, consiste à réserver la possibilité de l'intuition atomistique ; il tâche de montrer que les propriétés cinématiques, pour continues qu'elles soient, ne sont pas hostiles à une information atomistique.

Dans cette voie, nous sommes ainsi arrivés au point où l'atome doit soudain s'enrichir et vraiment se constituer comme | unité réelle. C'est au passage de la phoronomie à la mécanique proprement dite que nous devons saisir cet enrichissement. 116

A lire Hannequin, on s'aperçoit qu'à partir de ce point précis de sa thèse l'atome qui n'était jusque-là qu'une forme est *pris désormais comme une cause*. Tant que Hannequin étudie la cinématique, il est encore dans le règne de la pensée géométrique ; la cinématique est alors une espèce de mécanique à blanc, tout en *effet*, tout en phénomène. Ainsi, à propos de la trajectoire d'un mobile, Hannequin écrira[1] : c'est « la trace géométrique laissée dans l'Espace par la position du mobile, ce n'est jamais la condition qui la rend telle ou telle, rectiligne ou curviligne, ou qui la fait décrire avec une vitesse tantôt variable et tantôt uniforme… La phoronomie… n'est qu'une langue géométrique où s'expriment, dans leurs effets, les conditions et les lois du mouvement qui sont l'objet de la mécanique véritable ou de la dynamique ». C'est sans doute avouer qu'une science purement et simplement descriptive n'aurait pas besoin de prendre le point mobile dans son aspect concret, dans son rôle actif, ou autrement dit que l'atome n'affleure véritablement pas dans le phénomène du mouvement. Mais dès qu'on vise à élucider les *causes*, voici l'atome qui se précise et qui en quelque sorte se solidifie. Le point pesant sera postulé comme la cause des effets phoronomiques. C'est toute une nouvelle métaphysique qui s'ouvre, dans laquelle il sera bien souvent difficile de maintenir dans leur pureté les principes du criticisme. On n'accepte plus en effet de rester dans la relation pure et homogène, comme on le faisait encore dans l'examen des | conditions géométriques et ciné-matiques du mouvement. Et comme on transcendera le domaine de la relation homogène, on verra l'aspect réalistique se multiplier et s'affermir. C'est toujours la même tentation de poser le réel sous la convergence des relations.

117

D'ailleurs, la volte-face est franche : « L'attention du mécanicien doit se porter sur le mobile, tandis que la phoronomie n'avait tenu compte que de la trajectoire. Le

---

1. A. Hannequin. *Essai critique sur l'hypothèse des atomes dans la science contemporaine*, *op. cit.*, p. 81.

mobile est en effet la condition première du mouvement : c'est lui, en somme, qui se meut, lui dont les positions successives et changeantes tracent la trajectoire comme s'il portait en soi la puissance du mouvement.[1] ». Que d'expressions qui nous ramènent trop vite à l'absolu de l'être et qui dérogent par conséquent aux postulats criticistes ! Il nous faut immédiatement, au sujet de cette conception particulière, présenter nos propres remarques si nous voulons garder à l'intuition de l'atomisme critique son sens clair et simple, sa véritable fonction métaphysique. C'est donc toute une série d'objections que nous développons dans le paragraphe suivant.

V

D'abord, il n'y a pas de condition qui puisse être *première* parce qu'il n'y a pas de condition qui puisse être *unique*. Même si une condition unique avait un sens, elle ne nous instruirait pas ; elle n'aurait aucune fécondité de pensée. En donnant tout d'un seul coup, elle ne donnerait rien, car elle contredirait au | destin même de la pensée qui doit toujours acquérir ou recti- 118 fier. On ne pourrait pas combiner cette condition primordiale avec une condition seconde, car on ne doit pas composer l'essence et le détail. Métaphysiquement, il est toujours inutile de doubler un effet par la puissance de produire ce *seul* effet. En résumé, une connaissance doit toujours partir d'une pluralité de conditions.

---

1. A. Hannequin. *Essai critique sur l'hypothèse des atomes dans la science contemporaine, op. cit.*, p. 82.

D'une manière plus topique, on peut saisir tout de suite, dans la définition classique de la masse, une référence à une dualité qui écarte toute position primordiale d'un caractère. En effet, pour qu'on puisse parler d'une *cause mécanique*, il faut à la fois la présence de la masse et du champ : l'une n'est pas plus *réelle* que l'autre. On ne peut pas détacher la force de la masse, de manière à voir la masse toute nue. Dès qu'on expérimente sur la masse, c'est qu'elle est agissante, c'est qu'une force révèle son action. Si l'atome est cause, c'est qu'il n'est pas seul, c'est qu'il est engagé dans un complexe de conditions.

L'expression très dense de Hannequin doit ici être immédiatement combattue. Il dit qu'en passant de la cinématique à la dynamique, «le mobile devient un sujet d'inhérence »[1] alors qu'il faudrait, à notre avis, se borner à dire que le mobile devient un *sujet de cohérence*. De toute évidence, la philosophie de Hannequin cherche en hâte à rejoindre l'objet. « A moins que la mécanique n'ait aucun objet, ou ce qui revient au même, que cet *objet ne comporte aucune détermination fixe et soumise à des lois*, les | modifications du mouvement et, partant, celles de l'état du mobile ne sauraient aller sans des conditions qu'il faut chercher et qui sont l'objet même de la dynamique. » N'est-il pas à craindre qu'il y ait un flottement dans le sens du terme *objet* employé ici trois fois ? Si on lui donne son sens plein d'*objet concret*, comme cela semble nécessaire d'après le membre de phrase intermédiaire que nous soulignons, on voit que Hannequin vient subitement et subrepticement de céder à la séduction du réalisme. Il accepte cette idée simple où le réalisme puise toute sa force : la loi

_____

1. A. Hannequin. *Essai critique sur l'hypothèse des atomes dans la science contemporaine*, *op. cit.*, p. 82.

serait nécessairement le signe d'une réalité, comme l'attribut est le signe d'une substance. Ici, pris dans sa forme élémentaire, le raisonnement apparaît dans toute sa gratuité : on arrive à croire que le point mobile renferme, comme une propriété, la cause de sa trajectoire. Et cette croyance est si tranquille qu'on n'hésite pas à en renverser les arguments et à passer d'une trajectoire étudiée du point de vue cinématique à l'affirmation d'un *point réel* qui la produit plus encore qu'il ne la parcourt.

La causalité de l'accélération est affirmée par Hannequin d'une manière aussi spécieuse. Lorsque la vitesse varie, dit-il, « la même raison nous oblige à penser qu'aux variations de la vitesse répondent des conditions de changement, aux variations irrégulières des conditions irrégulières, aux variations constantes des conditions persistantes et fixes ». C'est là un enchaînement de raisons qui fait fonds sur un espace absolu. Or la seule relation du mobile à sa trajectoire ne peut nous indiquer qu'un mouvement *relativement* accéléré, et c'est une question qui reste ouverte de savoir si la cause de l'accélération revient au point lui-même ou bien au système de référence. Mais le seul fait que la méthode de | référence intervienne dans 120 la détermination effective de l'accélération montre bien qu'on n'arrivera jamais à définir la masse d'un point en s'appuyant uniquement sur l'accélération avec laquelle il décrit sa trajectoire.

D'ailleurs la construction du réel de proche en proche telle que l'institue Hannequin est manifestement solidaire de l'ordre suivi. Elle ne peut donc prétendre retrouver un absolu de l'être. Hannequin ne peut pas davantage développer, comme il conviendrait d'après nous, une théorie corrélative de l'être, précisément parce qu'il a posé comme primordiales certaines conditions géométriques. « Quelle abstraction pourrait, dès lors, quand la mécanique tout entière plonge ses racines dans la géométrie, séparer violemment le mobile étendu du mobile résistant, la *massa extensa* dont l'essence est d'occuper un lieu dans l'Espace, de la *moles dynamica* qui présuppose la position, sous peine de n'être point capable de mouvement ? ... Il faut donc qu'un mobile soit un tout dans l'Espace pour être un tout diviseur de la force ; il faut qu'il soit *volume* pour être masse, et que la mesure géométrique de l'un soit le principe de la mesure de l'autre. Ainsi se posent, dans notre Espace, des portions d'étendues qui, tout d'abord, ne sont que de simples figures, mais qui, lorsque la dynamique les revêt d'inertie, se déterminent, dans le vide qui les entoure, comme des masses et deviennent des corps : ainsi se définit, en un mot, la matière, volume aux dimensions toujours déter-

121 minées, dont l'inertie exprime toute la nature, du moins | aux yeux de notre mécanique. [1] » C'est bien là, croyons-nous, tirer tout le criticisme du côté de l'information géométrique. C'est ne voir l'aspect nécessaire que dans le développement mathématique. A notre avis, cette méthode élude la solution plus proprement métaphysique. Mais nous devrions sans doute poser le problème en termes nettement métaphysiques.

D'après nous, ce problème se formulerait ainsi : Comment un même sujet peut-il avoir deux prédicats ; comment une substance unique peut-elle se manifester dans deux attributs indépendants ? Voyons quelle lumière pourraient nous apporter les thèses de Hannequin.

Faut-il égaler purement et simplement les attributs géométrique et dynamique et dire avec Hannequin : « La quantité de matière ou quantité de masse n'est donc rien

---

1. A. Hannequin. *Essai critique sur l'hypothèse des atomes dans la science contemporaine, op. cit.*, p. 90.

d'autre que l'inertie d'un volume plein ». N'est-ce pas oublier que les mots *plein* et *vide* n'ont pas de sens en géométrie ? Qu'on le veuille ou non, cette égalisation de l'atomisme géométrique et de l'atomisme mécanique ne peut s'effectuer sans l'aide d'un support ; on en vient toujours à une individualité sous-jacente qui, par son imprécision même, est prête à recevoir des formes diverses. Ainsi l'égalité phénoménologique de la masse au volume ne saurait être complète et pure ; même lorsqu'elle s'affirme sur le plan logique, on voit poindre l'être profond, trace d'un réalisme mal exorcisé, qui sert de trait d'union tacite. Hannequin écrira bien : « la quantité de masse est, pour la mécanique, toujours | proportionnelle au volume 122 qu'elle occupe » – et en cela on peut espérer tenir toutes les lois de la mutation logique qui va du géométrique au mécanique – mais l'auteur se voit obligé d'invoquer aussitôt « les raisons physiques qui donneront aux corps dans la nature réelle, des densités multiples et diverses »[1]. Autrement dit, voici notre grande espérance : volume et masse sont proportionnels ; on pense l'un en pensant l'autre ; le criticisme géométrique se transpose immédiatement en un criticisme mécanique. Mais voici aussitôt la révolte du fait : le facteur de proportionnalité entre le volume et la masse est une *densité*, réserve de l'empirisme impensable *a priori*. Il faudra venir aux doctrines de la Relativité pour que cette densité soit soumise à une rationalisation interne ; jusque-là, on ne pourra la saisir que dans une rationalisation tout externe, par son simple rôle de facteur de proportionnalité[2].

---

1. A. Hannequin. *Essai critique sur l'hypothèse des atomes dans la science contemporaine, op. cit.*, p. 91.
2. Cf. *La valeur inductive de la relativité*, chap. III, Paris, Vrin, 2014.

Mais alors notre intuition ne gagnerait-elle pas en clarté et en fécondité à s'apparenter au règne de la logique pure ? Ne vaudrait-il pas mieux rester dans la philosophie critique intégrale ? Et pour cela, ne faudrait-il pas, à propos du problème qui nous occupe, instituer une coordination délibérément externe entre l'atomisme géométrique et l'atomisme mécanique ? Puisque devant les forces mécaniques tous les corps se conduisent de la même façon, comment ne pas voir que les forces mécaniques ne sont pas des êtres absolus, mais bien des modes, qu'elles doivent être la marque d'une corréla-
123 tion par l'extérieur, corrélation impliquée | indissolublement dans le système de nos références géométriques ? Hannequin a porté sur ce problème un regard d'une étonnante pénétration. Sous la magie abstraite de son style, comme on sent ce qu'il y a de mystérieux dans l'accord de la logique avec le fait ! « Le volume, pour être une figure finie, n'a donc que faire de nos mesures, et reste, sans contradiction, un tout idéal qui n'a point de parties, un nombre simplement possible, fait d'unités qui n'ont rien d'absolu et qui sont arbitraires. Mais qu'il vienne à revêtir en mécanique la résistance et le mouvement, que, par la liaison indissoluble de deux concepts, son étendue ne soit plus que le schème et le support géométrique de l'inertie ; et l'unité élémentaire, tout à l'heure simplement postulée, aperçue en puissance par l'analyse infinitésimale, va s'imposer comme la condition de l'existence d'une masse finie. [1] » Qu'on nous dise seulement pourquoi la liaison des deux concepts est indissoluble et une métaphysique nouvelle est née ; le mouvement logique déborde ses frontières ; toute une science s'établit qui

---

1. A. Hannequin. *Essai critique sur l'hypothèse des atomes dans la science contemporaine*, *op. cit.*, p. 92.

traite des *équivalents logiques* à peu près dans le même sens où l'on détermine des *équivalents* entre les diverses formes de l'énergie. La pensée se renouvelle parce qu'elle peut alors se transposer. En tout cas, le problème fondamental du réel est bien là, à ce point précis : Comment deux domaines conceptuels, le domaine géométrique et le domaine mécanique, viennent-ils, par simple superposition, à prendre soudain la consistance du réel ? Comment deux atomismes, qui procèdent tous deux par morcellement | arbitraire et d'une manière tout 124 idéale, finissent-ils par résister en quelque sorte l'un à l'égard de l'autre et parviennent-ils ainsi à arrêter l'arbitraire, à opposer un réel à l'idée ? Telle nous semble bien être la forme la plus logique de la question métaphysique proposée par la philosophie de Hannequin.

VI

Il y aurait beaucoup moins d'intérêt à suivre Hannequin dans son enquête relative au rôle de l'atome dans les sciences de la nature. D'une part, les succès de l'atomisme en chimie paraissent assurés ; d'autre part ces succès se présentent, au moment où écrit Hannequin, prudemment limités à leur valeur positiviste. Dès lors, la métaphysique de Hannequin est comme gênée et tout son effort consiste d'abord à ramener les problèmes physiques et chimiques à des formes mécaniques. Dans cette voie, la tendance criticiste n'est cependant pas oubliée. Peut-être même, le caractère criticiste est-il renforcé du seul fait qu'on trouve, par des voies parallèles, par des méthodes semblables, des atomes qui diffèrent suivant le domaine où l'on applique la doctrine atomistique. Hannequin développe tout un paragraphe (pages 145 et suivantes) pour

montrer que « par des régressions multiples, les sciences parti-
culières de la nature aboutissent à des tomes d'ordres différents
et décroissants ». Il ajoute, page 147 : « Si nombreuses que
soient les formes du problème, la méthode ne change pas : elle
apparaît toujours comme un effort de notre esprit pour
substituer à la riche variété de la nature vivante l'homogénéité
d'une matière sans vie, presque sans qualités, où tout vient du
125 | mouvement et retourne au mouvement ». Comment mieux
dire, en premier lieu, que l'atomisme se formule non pas
comme une question relative à l'objet, mais bien comme une
question relative à la méthode, et qu'en second lieu, le point
central et vraiment unique du débat est, comme nous l'avons
marqué, au passage même de la géométrie à la mécanique ?

VII

Le point de vue de l'atomisme criticiste est aussi proposé
avec une grande netteté par Lasswitz. Au cours de sa longue
étude sur l'histoire des doctrines atomistiques, Lasswitz a été
frappé du ton constamment dogmatique de ces doctrines. Une
tâche lui semble alors devoir subsister. Elle consistera à
détacher l'atomistique du dogmatisme, son terrain habituel.
C'est ce qu'il entreprend dans un petit ouvrage supplémentaire : *Atomistik und Kriticismus* (1878). Il annonce, dès la
préface, le résultat de ses recherches philosophiques dans ce
domaine : « En tant qu'elle conditionne, comme facteur
subjectif, la forme de notre expérience, la nature de notre
sensibilité nous oblige… à choisir pour base théorique de la
Physique une atomistique cinétique ».

Cette déclaration nous met tout de suite au centre de la
polémique. La thèse fondamentale est celle-ci : l'atome ciné-

tique serait nécessaire à l'usage *scientifique* de notre sensibilité. L'atome serait donc moins immédiat qu'une forme de la sensibilité, mais il serait cependant plus qu'une simple hypothèse de la raison. L'atome correspondrait à ce besoin de former certaines suppositions que la science doit faire pour rendre compte de certains | résultats empiriques, suppositions 126 qui sont plus encore que des hypothèses nécessaires et suffisantes parce que leur nécessité se réfère aux fonctions intellectuelles. Mais alors, remarque Lasswitz[1], les contradictions « qu'on veut trouver dans l'atome s'évanouissent devant la pensée critique, de la même manière que les contradictions qu'on notait, depuis des milliers d'années, dans l'essence de l'espace et du mouvement ». L'atomisme pourrait en quelque sorte être rénové par la révolution copernicienne du criticisme, et l'atome, quoique construit par l'entendement dans son effort scientifique, bénéficierait encore de ce qu'il y a d'immédiat dans les formes *a priori* de la sensibilité ; à lire Lasswitz il semblerait que le concept d'atome puisse se défendre comme si une même nécessité se trouvait dans la construction géométrique et dans les éléments matériels de cette construction, comme si la synthèse de l'espace et de la substance était donnée par un jugement synthétique *a priori*.

Dans cette voie, on est sur la pente d'un criticisme épistémologiquement dynamique qui pourrait accepter pour la raison une évolution et une téléologie. En fait, Lasswitz part bien de la déclaration kantienne : « La possibilité de l'expérience en général est en même temps la loi universelle de la nature, et les principes de la première sont les lois mêmes de la seconde. Car nous ne connaissons la nature que comme

---

1. K. Lasswitz, *Atomistik und Kriticismus*, *op. cit.*, p. 6.

ensemble des phénomènes, c'est-à-dire des représentations en nous, et nous ne pouvons donc tirer la loi de leur liaison d'ailleurs que des principes de leur | liaison en nous, c'est-à-dire des conditions de l'union nécessaire en une conscience, union qui constitue la possibilité de l'expérience.[1] ». Mais cette possibilité toute première et fondamentale chez Kant, Lasswitz en fait une possibilité mouvante. Il s'agit dès lors de trouver les conditions qui rendent possible une expérience particulière plutôt que l'expérience en général. Ces conditions sont sans doute encore *a priori* parce que ce sont des conditions *sine qua non*, mais elles sont en quelque manière sous la dépendance de leur résultat. Ce criticisme correspond à une corrélation réciproque des principes aux faits, corrélation bien proche de la construction axiomatique que nous aurons à expliquer dans le chapitre suivant.

Quoi qu'il en soit de cette nuance nouvelle apportée par l'atomisme de Lasswitz dans la doctrine criticiste, voici maintenant comment cette interprétation va servir à rompre une objection traditionnelle. Cette objection est la suivante : l'atomisme ne serait toujours qu'une position provisoire et partant arbitraire du problème de la substance parce qu'en prenant un atome dont on ne fixe pas les dimensions, on laisse subsister la possibilité de recourir, en cas de besoin, à un atome plus petit. Voici alors la réponse de Lasswitz : « Mais cela n'arrive qu'autant qu'une expérience future est susceptible de découvrir encore des faits que nous ne connaissons pas. Il va de soi qu'une science de l'expérience n'est obligée d'expliquer que ce qui lui est connu, et nous avons déjà avoué plusieurs fois

---

1. Lasswitz renvoie à Kant, *Prolegomena zu einer künftigen Metaphysik*, Riga, 1783, S. 111 ; trad. fr. L. Guillermit, Paris, Vrin, 1997.

que nous tenons la détermination | de la grandeur de l'atome 128
simplement comme une tâche de la science de la connaissance
(*et non pas comme une tâche de la science elle-même, comme
le voudrait une doctrine réaliste*). Les siècles suivants se
verront peut-être obligés d'avancer d'un pas plus loin que nous
– mais la question de la grandeur des atomes reste une question
pratique, elle n'est pas relative au principe de la connaissance.
Ne touche au principe que le caractère de l'explication atomique, et ce caractère reste le même aussi longtemps que l'organisation humaine reste la même. Nous affirmons précisément
ceci : la science d'une époque déterminée doit s'arrêter – ou
plus exactement commencer – à un groupe déterminé de
systèmes atomiques qu'on peut penser emboîtés les uns dans
les autres, et cette science doit expliquer en partant de là tout ce
qui est à expliquer. [1] ».

En somme, le concept d'atome est nécessaire du point de
vue critique en ce sens qu'il n'y aurait pas de place pour une
connaissance objective sans la position d'un centre absolu qui
doit supporter les relations contingentes. Cependant l'ensemble des propriétés essentielles et absolues est bien vite analysé.
On doit alors passer aux déterminations empiriques du concept
d'atome et aussitôt on s'aperçoit qu'on quitte les conditions
critiques habituelles. C'est bien une telle segmentation de la
phénoménologie que Lasswitz nous propose dans le passage
suivant : d'après la forme de notre sensibilité et notre manière
propre de comprendre, « il doit y avoir un objet phénoménal
qui, en soi-même, | est immuable, impénétrable et très petit et 129
qui forme comme tel le sujet de tous les changements dans la
Nature. Mais alors sont épuisées les propriétés que nous

---

1. K. Lasswitz, *Atomistik und Kriticismus*, *op. cit.*, p. 43.

devons nécessairement attribuer à l'atome (*si nous l'étudions*) sans égard pour ses relations avec d'autres atomes... Toutes les autres propriétés de l'atome sont des propriétés des *atomes*, autrement dit, toutes les autres propriétés sont conditionnées par la liaison des atomes. »[1].

Cette scission dans la phénoménologie, au profit de propriétés en quelque sorte absolues, est extrêmement aventureuse. Sans doute nous sommes habitués, dans les doctrines atomistiques, à faire une distinction essentielle entre les propriétés inhérentes à l'atome d'une part et les propriétés qui résultent de la composition des atomes d'autre part. Mais cette distinction qui s'exprimait avec la force de la naïveté dans le réalisme, comment la légitimer dans une philosophie criticiste ? On peut par exemple demander comment la petitesse peut être attribuée comme un absolu à l'atome, comment l'expérience macroscopique de l'impénétrabilité peut primer l'expérience aussi simple du *mélange* et devenir ainsi essentielle à l'atome, comment peut se faire la synthèse *a priori* des caractères d'impénétrabilité et d'immuabilité ? Toutes objections qu'on répéterait, en s'appuyant sur la philosophie critique elle-même, contre toutes les tentatives de fixer *a priori* des caractères d'une expérience toujours saisie *a posteriori*.

Lasswitz poursuit d'ailleurs dans une voie très particulière le développement de sa thèse. Il part de la proposition suivante : | « La théorie criticiste de la matière est nécessairement une atomistique cinétique »[2]. Mais il ne maintient pas pour l'intuition la primauté visuelle ; il établit en effet que l'aspect dynamique de l'expérience est entièrement sous la

130

1. K. Lasswitz, *Atomistik und Kriticismus*, *op. cit.*, p. 52.
2. *Ibid.*, p. 57.

dépendance de notre toucher. « Si nous n'avions que par le sens de la vue la forme et la perception de l'espace, nous posséderions sans doute une phoronomie, mais nous n'aurions aucune mécanique »[1] et Lasswitz ajoute immédiatement comme si c'était une conséquence qui va de soi : « il n'y aurait sans doute aussi qu'un idéalisme, mais pas de criticisme ».

Ces remarques, prises en soi, sont d'une singulière profondeur ; elles nous paraissent apporter une grande lumière dans la classification des doctrines philosophiques. En particulier, on tient ici une des raisons qui pourraient, nous semble-t-il, éclairer certains rapports du *criticisme* et de l'*idéalisme*. Ce qu'il y a d'actif dans le criticisme s'oppose en effet à un idéalisme plus passif où les conditions de la connaissance se posent en quelque sorte sans lutte, sans avoir à rien négliger dans une alternative décisive parce que la connaissance et l'esprit sont en totale communication. Autrement dit, pour la philosophie critique, l'expérience est vraiment une action spirituelle ; sans une telle action, l'expérience resterait une forme sans détermination. Même prise au niveau de la sensibilité, l'information criticiste doit donc être une information active qui dépasse la contemplation visuelle. A plus forte raison, il est impossible de *juger* le monde de la représentation 131 | sans intervenir, car nos concepts sont des schèmes d'intervention, des résumés de vérifications.

A certains égards, c'est donc l'expérience du toucher qui détermine, en nous forçant de réfléchir sur notre expérience visuelle, cet idéalisme systématiquement réfléchi qui est le criticisme. C'est la résistance que les choses opposent à notre action nécessairement unitaire qui nous amène indirectement à

1. *Ibid.*, p. 62.

attribuer une unité d'action aux objets isolés. L'atome est alors naturellement postulé comme une unité active. Il est moins l'unité d'une figure indestructible que l'unité essentielle d'une force, et c'est vers l'intuition de Boscovich, déjà rencontrée à la fin du troisième chapitre, que nous ramènent les recherches métaphysiques de Hannequin et de Lasswitz.

L'intuition de Boscovich pourrait donc servir en quelque manière de trait d'union entre les atomismes réalistes et l'atomisme critique. Il est au surplus très frappant que cette intuition d'un atome ponctiforme, racine des forces centrales, soit directement utilisable par la physique mathématique. La philosophie de Boscovich semble bien s'appuyer sur un minimum de suppositions. C'est peut-être cette raison qui la rend apte à s'apparenter à des doctrines métaphysiquement diverses.

L'ATOMISME AXIOMATIQUE

I

A des ordres de grandeur différents, il convient d'appliquer des principes philosophiques et un langage différents ; car si la mesure peut paraître un procédé essentiellement relatif, il ne va pas de soi que toutes les grandeurs mesurées soient touchées *simultanément* par la même relativité. Autrement dit, un complexe de grandeurs est un caractère positif d'un objet particulier et rien ne nous permet d'assimiler des objets pris dans des ordres de grandeur différents. Pour parler tout de suite en philosophe, nous pouvons nous demander en quel sens et à quelles conditions l'infiniment petit est pour nous un *objet*.

En fait, le plus frappant des caractères épistémologiques de la science atomique est peut-être de nous étonner. On n'est pas et l'on ne devient pas familier de l'infiniment petit. On ne peut souvent le comprendre qu'en déformant nos manières de comprendre, dans une activité toute réflexive, par un usage tout polémique de la raison.

Notre langage lui-même a pris ses racines et sa syntaxe dans le monde des choses et des actions relatives à notre expérience commune. Notre dictionnaire et notre grammaire ne sont au fond que des *leçons de choses*. Devant l'infiniment

133 petit, il semble | donc qu'il suffirait de reprendre la définition des termes. Mais le trouble est plus profond, car c'est toute la perspective de la définition qui se trouve alors changée : *tandis que la science usuelle s'appuie sur des choses et cherche des principes, la science atomique pose des principes et cherche des choses.* Dans ce dernier cas, la définition des entités doit donc garder un ton tout préalable ; elle doit faire ensuite la preuve de sa fécondité dans un domaine qui finalement n'est plus le sien, dans le domaine de l'expérience commune. On voit donc que, dans l'étude de l'infiniment petit, on ne peut plus donner une *définition qui décrit* ; on ne peut donner tout au plus qu'une *définition pour décrire*. Autrement dit, il faut admettre la définition pour comprendre la théorie et les faits et non pas simplement comprendre la définition pour l'admettre. L'atome postulé est donc intimement opaque ; ce n'est que son rôle qui peut devenir clair. Ainsi, par nécessité linguistique, voici que l'atomistique épouse la forme d'une axiomatique.

En a-t-il toujours été ainsi ? Certes non. Ce qui manquait aux atomismes des siècles passés pour mériter le nom d'axiomatique, c'est un mouvement vraiment réel dans la composition épistémologique. En effet, il ne suffit pas de postuler, avec le mot atome, un élément insécable pour prétendre avoir mis à la base de la science physique un véritable postulat. Il faudrait encore se servir effectivement de cette hypothèse comme la géométrie se sert d'un postulat. Il faudrait ne pas se confiner dans une déduction, souvent toute verbale, qui tire des conséquences d'une supposition unique ; mais au contraire on devrait trouver les moyens de combiner des caractères multiples et construire par cette combinaison des phénomènes nouveaux. Mais comment aurait-on la possibilité de | cette 134 production puisqu'on ne pense tout au plus qu'à faire la preuve de l'*existence* de l'atome postulé, qu'à réifier une supposition. La théorie philosophique de l'atome arrête les questions ; elle n'en suggère pas.

On objectera sans doute qu'une nuance seule sépare l'atomisme que nous appelons axiomatique et l'atomisme positiviste. En effet, de l'un à l'autre, même prudence ; l'un comme l'autre se développe à l'abri de la formule traditionnelle : tout se passe *comme si* l'atome existait. Cependant un tel rapprochement passe sous silence une raison de classification que nous tenons comme primordiale en épistémologie : c'est la direction même que parcourt le raisonnement. Or l'école positiviste se sert des conceptions atomistiques plutôt comme résumés que comme principes. Ces conceptions sont alors des « comme si » de l'expression et non pas des « comme si » de la découverte. Qu'on ne s'étonne donc pas si les conceptions positivistes restent décousues, si on les abandonne, si on les reprend, au gré des besoins pédagogiques de l'exposition. Il ne s'agit finalement que d'apprêter des métaphores commodes pour décrire plus ou moins clairement l'expérience immédiate.

La doctrine de l'hypothèse prise comme postulat s'écarte aussi de la doctrine classique des hypothèses scientifiques. Certes cette dernière doctrine a pris des formes bien variées dont on peut voir le détail dans un chapitre particulièrement

riche du livre de M. Lalande sur l'expérimentation[1]. Mais la
135 science | contemporaine ajoute un trait nouveau à la « tradition
de l'hypothèse ». En effet, une méthode axiomatique doit faire
la preuve de sa valeur non seulement par ses résultats expérimentaux, mais encore par le mouvement même de la pensée
qui l'anime. Et ce rôle est permanent en ce sens que l'idéal
déductif n'est jamais entièrement réalisé ; la construction reste
inachevée par le fait même que les postulats de base gardent
leur indépendance. Autrement dit, l'atomistique moderne se
refuse à éliminer complètement les hypothèses; elle ne
souhaite pas simplement joindre deux descriptions de l'expérience commune; elle prétend maintenir la liaison rationnelle
qui a servi à passer d'une expérience à une autre. Elle veut
penser l'expérience en gardant dans l'esprit les postulats de
l'expérience. Que vaudrait par exemple la description toute
phénoménologique de l'ionisation des gaz sans la théorie et
l'image permanentes de l'électron ? Devrait-on se borner à
voir dans l'ionisation d'un gaz une méthode pour décharger un
condensateur ? Cette décharge est tout au contraire le simple
signe qui manifeste un phénomène caché dont le processus est
parcouru effectivement par l'esprit du savant. En suivant le
mouvement de l'index lumineux sur l'échelle graduée,
l'observateur pense uniquement dans le plan même de l'atome.
La science atomique moderne est bien sous la dépendance de
sa pensée technique, non pas sous la dépendance de notre
expérience commune. C'est pourquoi les conditions tout
épistémologiques doivent maintenant faire corps avec une
propédeutique de l'expérience. Une expérience particulière est

---

1. A. Lalande, *Les théories de l'induction et de l'expérimentation*, Paris,
Boivin et Cie, 1929, p. 146 *sq.*

désormais entièrement solidaire d'un théorème. Comme telle, il faut qu'elle reçoive une place précise dans un ensemble ; elle est conséquence et elle a | des conséquences. Quand l'épisté- 136 mologie aura retenu davantage l'attention des philosophes, on se rendra mieux compte que *l'ordre des idées dynamise les idées* et que c'est par l'ordre et la composition des idées plus que par l'analyse des idées que la pensée peut préparer des découvertes. L'architectonique de la science de l'atome dépasse donc le domaine positiviste. Une solidarité indéniable réunit, dans la science contemporaine, pensée et expérience au point qu'on ne saurait dire si le plan de l'atome est une carte ou un projet, s'il relève d'une science descriptive ou d'une technique[1].

Quoi qu'il en soit, il convient de bien tenir en l'esprit toutes les hypothèses de l'atomistique moderne et de se familiariser avec ses propres méthodes de calcul et de recherches, si l'on veut en comprendre toute la valeur systématique. Cette pédagogie nous écarte des conventions arbitraires dont se contentait la science positiviste. Nous pouvons donc, sans craindre de nous répéter, approfondir le caractère axiomatique de l'atomistique contemporaine.

II

Au fond, les thèses criticistes préparent mieux à accepter le sens axiomatique des principes atomiques. Il semble même que l'esprit, dans sa hâte de construire, considère assez

---

1. *Cf.* H. Vaihinger, *Die Philosophie des Als Ob.*, *op. cit.*, p. 150 « Das Atom ist keine naturwissenschaftliche *Entdeckung*, sondern eine Erfindung. »

facilement comme *élément en soi* toute représentation qui s'intègre d'un seul coup et en bloc dans une construction. C'est ce qu'exprime Lasswitz : | « A un certain degré de l'évolution intellectuelle, nous ne sentons pas le besoin de fonder plus profondément certaines représentations simples[1] ». Mais Lasswitz voit là le simple effet de l'indifférence née d'une habitude, alors qu'il faudrait, pour obéir à l'idéal axiomatique, engager notre claire volonté dans le choix de l'élément de base. La pensée axiomatique nous enseigne en effet à mettre un terme à l'analyse parce que l'analyse ne peut tout au plus que préparer une synthèse. La fonction épistémologique de l'atome, c'est de construire théoriquement le phénomène. On est fondé, en pensée, à traiter comme élément ce qui fonctionne comme *élément dans une synthèse*.

Bien entendu, dans cette voie, l'élément n'est intégré dans la synthèse qu'en vertu de ses fonctions bien définies. Rien d'obscur ne doit désormais être pris en considération dans un atome postulé. Cet atome est le symbole d'une définition, non pas le symbole d'une chose. Et c'est l'âme même de la méthode axiomatique que ce principe de se maintenir exactement sur tout le défini, sans jamais le déborder. En suivant cet idéal, Lasswitz résumera à la fois le caractère d'un atome pris en un sens entièrement précisé et uniquement postulé pour la synthèse : « Naturellement les atomes n'auront provisoirement rien de plus et rien de moins que les propriétés qui suffisent précisément pour la construction d'un corps particulier. »[2].

---

1. Lasswitz, *Atomistik und Kriticismus*, *op. cit.*, p. 12.
2. *Ibid.*, p. 33.

D'ailleurs pour constituer vraiment une axiomatique, il ne suffit pas d'épurer une à une toutes les définitions de base et de bien expliciter tout ce que contiennent les notions prises individuellement. | Il faudrait encore dresser le tableau bien 138 complet des notions premières. A cet égard, les mathématiques pourraient servir de modèle aux sciences physiques. Lasswitz, qui écrit en un temps où l'on croyait, sans débat, que les mathématiques et la mécanique sont des sciences déductives, n'hésite cependant pas à en rapprocher la physique inductive. «La science physique et la mathématique ont toutes deux certains principes qui trouvent leur racine dans notre propre nature et qui, de ce fait, sont immuables. Mais, dans les Mathématiques, avec ces principes... est donné en même temps une table complète des définitions ; dans les sciences physiques, une telle table manque. Les définitions des sciences physiques ne peuvent être obtenues qu'empiriquement. Mais le but de la science est de rétablir entièrement cette table des définitions, et si ce but pouvait jamais être atteint, on aurait alors la possibilité de traiter déductivement l'ensemble de la science physique comme cela est déjà devenu possible pour certaines parties de cette science.[1] »

Sans doute cette ambition d'emprise totale sur le réel peut paraître peu propre à fournir le programme particulier d'une science. Cependant, on se rend compte que cette ambition est loin d'être une chimère quand on suit les efforts d'une science qui s'aide d'instruments précis et c'est un trait bien spécial de l'atomistique moderne que de donner naissance à un ensemble d'instruments particuliers que, par certains côtés, on pourrait assez bien désigner sous le nom global d'*atomistique*

---

1. *Ibid.*, p. 41.

instrumentale. Avec ces instruments, il ne s'agit pas de
139 reconstruire, par la pensée, le phénomène | mêlé et confus, tel
qu'il s'offre à nos sens ; au contraire, on ne vise qu'un
phénomène précisé, schématisé, imprégné de théorie. Non pas
trouvé, mais *produit*. La science moderne tend de plus en plus à
devenir une science d'*effets*. On désigne ces *effets* du nom de
leur inventeur. On parle des effets Zeemann, Stark, Compton,
Raman... Par contre, jamais on ne désigne un élément
chimique nouveau du nom du chimiste qui l'a isolé en premier
lieu. La Physique contemporaine est donc en quête d'actions
déterminées par des vues théoriques. Elle n'est pas conduite
par une intuition analytique. Elle suit une marche non pas
descendante, mais ascendante. Le plus souvent, nous
cherchons l'*effet* sans que l'expérience nous l'ait préalable-
ment présenté. Il faut d'abord le construire par la pensée pour
le produire effectivement. De sorte que nous sommes souvent
concurremment aux prises avec un double déficit : un déficit de
prévision mathématique et un déficit de précision instrumentale. On ne peut plus soutenir l'ancienne thèse philosophique
d'un phénomène qui serait inconnaissable, inclassable et qui
s'offrirait en bloc à notre esprit. Déjà Claude Bernard avait pu
parler d'une *expérience active* dans laquelle le savant est un
inventeur et en quelque sorte, disait-il, le contremaître de la
nature. Mais jamais les conditions techniques de l'action
scientifique n'ont été si méthodiquement coordonnées que
dans la science atomique contemporaine. Au fond, si délicates
que soient les opérations qui produisent l'*effet*, cet effet doit
apparaître mathématiquement dès l'instant où les précautions
requises sont toutes observées. Or ces précautions sont
énumérables. Elles ne sont pas en nombre indéfini. C'est là un
caractère important et au fond très spécial.

| En particulier, ce *corps de précautions* expérimentales 140 mises à la base d'une technique de l'effet physique a un tout autre sens que le *corps de conventions* qu'une philosophie pragmatique voudrait mettre à la base d'une science du phénomène.

Ainsi l'empirisme tout passif, dont l'essence implique des conditions innombrables, tend à faire place à une expérience active dont la production s'accomplit avec précision et sans aberration possible si l'on a pris soin d'exécuter une à une et dans l'ordre toutes les prescriptions.

On retourne, par ce détour, à une certitude toute subjective. Claude Bernard[1] a indiqué, dans une page singulièrement pénétrante, la distinction entre l'objectivité toujours indéfinie et la subjectivité totalement recensée. Si l'expérience devient *notre* expérience, nous pourrons peut-être espérer qu'elle profitera de cette sécurité due au caractère immédiat d'un acte accompli en vue d'un but déterminé. C'est d'ailleurs ainsi que l'Axiomatique en géométrie a en quelque sorte multiplié l'évidence en additionnant la clarté objective et la lumière de la conscience. Dans tous les domaines, l'Axiomatique est une prise de conscience des conditions exactes de la pensée.

Dès lors, la science instrumentale se trouve de plain-pied avec le corps des définitions. *Un instrument, dans la science moderne, est véritablement un théorème réifié.* En prenant la construction schématique de l'expérience chapitre par chapitre ou encore instrument par instrument, on se rend compte que les hypothèses | doivent être coordonnées du point de vue même 141 de l'instrument; les appareils comme celui de Millikan,

---

1. C. Bernard, *Introduction à la médecine expérimentale*, Paris, Baillière, 1865, p. 48-49.

comme ceux de Stern et Gerlach sont pensés *directement* en fonction de l'électron ou de l'atome. Les suppositions qu'on fait maintenant à la base de la science à propos des caractères atomiques ne sont donc pas de simples échafaudages. Elles constituent la charpente même de notre science instrumentale. C'est pourquoi la doctrine de Vaihinger, par ailleurs si suggestive, ne nous semble pas avoir dégagé le véritable rôle des conceptions atomistiques contemporaines. Pour Vaihinger, l'atome n'est pas à proprement parler une hypothèse ; il correspondrait plutôt à une fiction[1]. Dès lors, en tant que fictions, tous les caractères attribués directement à l'atome devraient être éliminés aussitôt qu'ils ont accompli leur fonction tout intermédiaire, exactement de la même manière que le symbole de la quantité imaginaire utilisé par l'algèbre doit disparaître au moment où l'on énonce les résultats. C'est précisément parce que l'intuition d'atome sera finalement éliminée qu'on peut la charger de caractères contradictoires. Et cela serait vrai même en ce qui concerne les intuitions. Vaihinger va jusqu'à dire qu'une intuition, même si elle est matériellement fausse, sert souvent, d'une manière provisoire, à la place d'une intuition exacte. A notre avis, ce caractère délibérément *factice* traduit mal le caractère *technique* dont nous soulignions plus haut l'importance. Le factice peut bien donner une métaphore ; il ne peut comme le technique fournir une syntaxe susceptible de relier entre eux les arguments | et les intuitions. Au surplus, comme le reconnaît Vaihinger lui-même (p. 768), si l'on peut, à propos des hypothèses atomistiques, parler du jeu de l'imagination, du moins, on doit

142

---

1. H. Vaihinger, *Die Philosophie des Als Ob*, *op. cit.* Voir en particulier les chapitres *Das Atom als Fiktion* et *Die Atomistik als Fiktion*.

reconnaître que ce jeu n'est pas illusoire. Loin de conduire l'entendement à l'erreur, il en facilite la tâche.

Ces thèmes paraîtront peut-être trop généraux et l'on pourra objecter que n'importe quelle technique appelle les mêmes remarques. Cependant il n'était pas inutile, nous semble-t-il, de montrer que *l'atomistique est précisément devenue une technique*, qu'elle a ses instruments, ses méthodes, son expérience propre. Or toute technique procède de choix multiples. Elle accepte, par certains côtés, l'idéal de la contingence initiale de l'axiomatique. Elle doit avant tout donner une grande liberté aux intuitions préliminaires.

Mais l'aspect axiomatique des hypothèses atomiques est naturellement plus net quand on se place au point de départ de la science atomique contemporaine. Nous allons essayer de préciser ce caractère.

III

Signalons d'abord la tendance à serrer le jeu des axiomes jusqu'à le réduire à la forme d'une alternative. C'est ainsi qu'on peut prendre le plus clairement une mesure de la liberté de notre choix préliminaire. Par exemple, M.R.N. Campbell pose le problème épistémologique initial en ces termes : « Si les lois connues du champ | électromagnétique sont vraies, **143** l'atome ne peut consister en électrons seulement, et si elles ne sont pas vraies, il n'y a aucune preuve de l'existence des électrons.[1] ». D'habitude, on n'énonce que la première partie

1.N. R. Campbell, *La structure de l'atome*, trad. fr. A. Corvisy, Paris, Barnéoud, 1925, p. 1.

de l'alternative et l'on conclut immédiatement que l'atome, pour être neutre, conformément aux lois du champ électromagnétique, doit contenir un corpuscule positif. Mais comme on passe sous silence la deuxième partie de l'alternative, on ne rappelle pas explicitement que l'*existence* de l'électron a été *postulée* en s'appuyant sur la théorie du champ électromagnétique. Dans cette méthode de simplification tacite, on se confie donc à une pensée réaliste rapide qui n'aura à légitimer ses conclusions que dans une seule direction, suivant toujours la même méthode où la réalité se légitime par des propriétés inhérentes à une substance. Campbell montre justement que si nous hésitons à postuler le proton que nous n'isolons pas, nous devons refuser de postuler l'électron que nous arrivons à détacher de l'atome à l'aide d'un champ électrique approprié. Autrement dit, malgré les expériences que nous avons pu réaliser sur l'électron, nous n'avons pas le droit de faire de l'électron quelque chose d'absolu. Son existence même est impliquée dans un corps de conditions préalables. On objectera toujours qu'on manie l'électron comme une chose dans l'expérience de Millikan; mais cette expérience de Millikan n'a pas de sens en dehors de notre conception du champ électrique. Aussitôt admis le champ, on se trouve amené, comme nous l'avons dit, à postuler le proton. Sur ce proton, on n'expérimente pas. Il n'est cependant ni plus ni moins hypothétique que l'électron. On voit donc bien se constituer une corrélation des hypothèses qui vont jusqu'à toucher 144 l'*existence* des éléments que nous postulons | dans notre construction du réel. Comme nous l'indiquions précédemment, on va ici des principes à la *chose*. A certains égards on peut considérer l'électron comme l'objet d'une définition qui ne prend un sens que grâce à la géométrisation du champ électromagnétique. Dans la science électrique, l'électron est comme le point qui ne reçoit réellement de propriétés géométriques que grâce à des postulats d'appartenance. Il faut en quelque sorte définir une appartenance électrique de l'électron au champ. Et quand nous serons plus habiles et plus imaginatifs dans la constitution de champs à structures variées, nous verrons l'électron se manifester dans des phénomènes plus variés ; nous donnerons de l'extérieur des propriétés à l'électron ou du moins des comportements nouveaux. Les atomes sont des éléments de machines qui attendent des perfectionnements techniques. Ils ont un nombre incalculable de possibilités synthétiques. Ils n'ont pas encore donné toutes les choses prévues par les principes.

À notre avis, ce serait donc une erreur désormais de considérer l'atomistique comme l'étude analytique d'un élément fondamental trouvé à la base d'une intuition. Une atomistique est au contraire une construction toute synthétique qui doit s'appuyer sur un *corps* de suppositions. C'est pourquoi l'atomisme vraiment fécond est l'atomisme contemporain. Cet atomisme doit sa fécondité au caractère *composé de l'atome simple*.

Dans cette formule paradoxale, nous ne visons pas simplement la substructure électrique que la science contemporaine a découverte dans l'atome chimique, car on ne manquerait pas de nous objecter que si, du point de vue physique, l'atome de la substance chimique s'est révélé comme un monde compliqué, par contre, du | point de vue métaphysique, 145 l'électron – véritable atome – paraît avoir fait la preuve de sa simplicité et de son identité. A première vue, l'on acquiescerait donc facilement à cette constatation de M. Meyerson : « L'atome, nous le sentons parfaitement, s'il doit réellement expliquer quelque chose, doit être simple.[1] ». Or c'est en quelque sorte métaphysiquement que nous nions cette simplicité. Nous n'avons donc pas le droit de nous appuyer sur le caractère compliqué de l'atome chimique ; au contraire, nous devons entreprendre tout de suite la tâche la plus difficile et montrer que l'électron lui-même – en tant qu'il sert à la construction de la théorie atomique – se présente dans une complexité essentielle.

D'abord, il est bien sûr qu'on ne doit juger de l'élément que dans la synthèse qu'il est chargé d'expliquer. En particulier, il serait vain et même antiscientifique de se demander si l'électron est simple *en soi*. On pourrait plutôt conclure qu'il est multiple si on peut le saisir dans des rôles multiples. Mais cette conclusion a peu d'importance puisqu'elle ne serait qu'une affirmation réaliste. Nous devons nous borner à juger de l'électron par ses rôles, dans des synthèses phénoménales.

Or, en fait, le caractère complexe de la construction par l'électron est si profond qu'on va jusqu'à accepter, dans le corps des suppositions initiales, des propositions qui contredisent l'expérience commune. Ainsi Bohr n'hésitera pas à mettre à la base de l'atomistique la déclaration suivante : un électron qui décrit un cercle autour du noyau de l'atome n'émet pas d'énergie, contrairement à ce que laisse prévoir l'électrodynamique classique. Qu'on | réfléchisse à la nature et à la fonction de cette proposition et l'on verra qu'elle est un véritable *postulat* ; elle se présente de la même manière que le postulat d'Euclide en géométrie, ou plus exactement de la même manière que le postulat de Lobatchewsky. Cette proposition fonde en quelque sorte une physique non maxwellienne,

146

---

1. É. Meyerson, *Identité et Réalité*, Paris, Alcan, 1912, p. 67.

comme la négation du postulat d'Euclide fonde une géométrie non euclidienne. Du même coup, le caractère complexe de la construction apparaît puisque l'on rompt avec toute l'instruction que nous donnait l'expérience commune d'une charge électrique en mouvement. Si les conséquences physiques du mouvement de l'électron peuvent être interprétées de deux façons opposées suivant que l'électron chemine hors de l'atome ou qu'il agit dans l'atome, on ne peut plus dire que l'électron contient en soi-même la raison des conséquences physiques de son mouvement. Il serait donc bien absolument vain de poser l'électron comme simple en soi, alors qu'on lui attribue un double rôle. Or du fait de cette ambiguïté, il nous paraît peu philosophique de dire que la nature électrique de l'atome est une *hypothèse*, peu philosophique aussi de dire qu'elle est une *réalité*. On s'exprimerait mieux, croyons-nous, en explicitant clairement le caractère axiomatique de la proposition choisie. Précisons ce point : dans le mouvement électronique sans rayonnement, il ne s'agit évidemment pas d'une *expérience réelle* ; il ne s'agit pas davantage d'une *hypothèse à vérifier*, puisque dans le cas le plus heureux où on la vérifierait, elle nous gênerait immédiatement dans l'explication du mouvement de l'électron libre. On ne peut donc correctement parler que d'un *postulat*. Dès lors, nous n'avons pas à nous demander si ce postulat correspond à un fait, pas davantage s'il est vrai. Car un postulat n'est susceptible | de 147 recevoir ni le qualificatif de *réel*, ni le qualificatif de *vrai*. Il est simplement la base d'une construction qui seule pourra prétendre atteindre une réalité ou une vérité. Mais cette sanction donnée au niveau du phénomène de première apparence exprime encore mal le destin de la construction axiomatique. Plus que tout autre but, on poursuit par de nouvelles expériences, la coordination de la pensée. Il faut

donc juger d'une théorie de l'atome en ayant égard à une sorte
de pragmatisme de la raison, en se référant à l'utilité de pensée.
Sous ce rapport, le postulat de Bohr a permis une coordination
mathématique puissante. On est bien fondé désormais, au
moins comme consécration de dix ans d'histoire scientifique, à
parler de l'atome de Bohr dans le style même où l'on parle
d'une surface de Riemann.

La discontinuité géométrique des orbites séparées
appellerait des remarques analogues. Alors que l'électron isolé
et libre peut passer en tous les points de l'espace [1], au contraire
l'électron dans l'atome devrait suivre des trajectoires parti-
culières en se maintenant en dehors de régions rigoureusement
interdites. La proposition qui contient cette interdiction ne peut
correspondre ni à une expérience positive, ni même à une
hypothèse vérifiable. Le fait que cette proposition ait trouvé
après coup une explication dans la mécanique ondulatoire
n'efface pas son caractère épistémologique initial : Bohr l'a
bien posée comme un *postulat*. D'ailleurs la manière dont la
148 mécanique ondulatoire a assimilé | le postulat de Bohr est très
manifestement d'allure axiomatique. La mécanique de Louis
de Broglie n'a pu démontrer le postulat de Bohr qu'en
élargissant la base axiomatique. Cette mécanique *adjoint* une
supposition de plus, elle ajoute du dehors une propriété à
l'électron : une longueur d'onde. Il importe d'ailleurs assez
peu que cette *adjonction* soit intuitivement éclaircie ; on n'a
pas besoin de compléter par une image la relation de l'électron
à la longueur d'onde. On les prend presque dans le décousu des

---

1. On pourrait d'ailleurs faire observer que c'est là aussi une supposition,
corrélative à la définition de la liberté du mouvement. On ne peut pas, par une
expérience, préciser suffisamment cette proposition de manière à l'affirmer
comme un fait.

suppositions élémentaires. Pourquoi serait-on plus exigeant pour le caractère temporel (fréquence ondulatoire) que pour le caractère spatial (forme de l'électron ?). C'est précisément la théorie qui constituera le lien. Si l'on donne ensuite une image, elle sera uniquement une illustration. Cette image sera par exemple une courbe ondulée fermée qui rappellera les concamérations d'une corde vibrante. Mais ce n'est pas cette image qui nous a fait penser. Elle est tardive. Les équations mathématiques sont primordiales.

Il faut aussi remarquer que le point de départ d'une axiomatique physique peut être une donnée relativement complexe. Au fond, la géométrie pourrait aussi prendre un théorème comme postulat ; il suffirait de bien choisir le théorème premier pour obéir aux règles d'indépendance que doit observer tout système de postulats. Ainsi rien ne s'opposerait à ce qu'on prît, comme synonyme du postulat d'Euclide, le théorème qui fixe à deux droits la somme des angles d'un triangle. En Physique, il n'y a pas toujours intérêt à analyser un fait, car cette analyse peut être une source d'illusion, une obéissance aveugle à des habitudes intellectuelles mal fondées, surtout quand on les porte au-devant | d'une expérience toute 149 nouvelle. Ainsi, c'est peut-être une illusion qui nous pousse à analyser *géométriquement* la trajectoire *physique* de l'électron. Notre intuition du mouvement purement et simplement mécanique éclipse notre intuition physique naissante, encore mal instruite des phénomènes électriques. Nous voulons toujours que l'électron soit un simple porteur de charge ; nous n'avons pas encore réalisé le jugement synthétique *a priori* qui nous permettrait de partir d'une base réellement physique pour construire une nature physique scientifique. Mach parlait déjà incidemment « d'expériences physiques qui s'introduisent au même titre que les principes purement géométriques et arithmétiques dans le développement formel de la science »[1]. En cela, il corrigeait cette étrange opinion de Gauss qui prétendait «qu'on ne peut plus apporter à la mécanique aucun principe essentiellement nouveau »[2]. Nous croyons au contraire que toutes les sciences se renouvellent par un élargissement de leur base.

Mais sans insister sur une attitude d'esprit dont on ne voit encore que de faible indices, prenons le problème dans la forme même où il fut posé lors de la première construction de Bohr. Alors la rupture entre l'intuition géométrique usuelle et le postulat des orbites privilégiées est si nette qu'il est impossible de justifier *a priori* ce postulat. Il faut l'admettre et en juger à l'épreuve, d'après la solidité des constructions qu'il permet. A cette occasion, on retrouve des difficultés similaires à celles que | rencontre la pédagogie mathématique lorsqu'elle veut poser, en dépit d'une habitude usuelle, la possibilité réclamée par Lobatchewsky de mener par un point extérieur à une droite deux parallèles à cette droite. En effet, l'intuition que nous avons d'une trajectoire semble inséparable de la possibilité pour cette trajectoire d'une déformation continue. On a beau souligner le fait que des forces discontinues agissent sur le mobile. L'intuition immédiate veut toujours qu'un trajet continu réunisse les trajectoires séparées. De ce trajet continu, la méthode de Bohr ne s'occupe nullement. Elle ne met vraiment en œuvre que les trajectoires distinguées *a priori*. Dans cette méthode, on contredit donc l'intuition la plus

150

---

1. E. Mach, *La mécanique*, trad. fr. E. Picard, Paris, Hermann, 1904, p. 254.
2. Cité par A. Rey, *L'énergétique et le mécanisme*, Paris, Alcan, 1908, p. 28.

simple et la plus fondamentale, l'intuition de l'homogénéité de l'espace.

Or une contradiction à une intuition aussi fondamentale ne peut guère être acceptée que comme un postulat ; elle ne peut guère s'introduire dans le raisonnement que sous le couvert de la liberté des choix axiomatiques.

Ce caractère axiomatique des doctrines atomistiques modernes va si loin qu'on aime à replacer au point de départ les expériences réelles sur le plan même des suppositions. L'atomistique va alors à la recherche d'une expérience volontairement perdue. C'est pourquoi elle est la science prestigieuse par excellence. Elle nous fait penser ce que jusque-là nous nous étions bornés à *voir*. Elle nous dit : oubliez les faits qui vous ont instruits ; oubliez ces corps qu'on coupe, qu'on dissout, qu'on mélange. Voyez par les yeux de l'esprit ce monde invisible. En opposition à un univers dont les masses sont stables, dont les événements sont paresseux et enchaînés, imaginez un monde multiple, discontinu, d'une mobilité parfaite, sans frottement, sans usure cinétique. Assurez-vous d'abord | seulement que 151 tout cela est possible rationnellement, c'est-à-dire qu'aucune contradiction intime ne s'est glissée au sein de vos suppositions premières. Rendez-vous bien compte aussi que rien de superflu n'a été supposé, autrement dit que le système des postulats est complet et bien clos. Toutes ces précautions préalables une fois prises, fermez les yeux sur le réel et confiez-vous aux intuitions intellectuelles. Vous allez construire un monde rationnel et vous allez produire des phénomènes inconnus.

Dira-t-on alors que le réalisme est finalement vainqueur puisqu'on retrouve une réalité ? Répétera-t-on que la suite des raisonnements n'est qu'un simple échafaudage pour dégager le caractère organique du réel ? Ce serait méconnaître l'intuition vraiment synthétique, toute rationnelle qui nous fait apercevoir la convenance des suppositions initiales.

C'est précisément l'intuition de cette convenance qui forme le génie axiomatique. Psychologiquement parlant, on n'a pas choisi des principes décousus en fait, on les a seulement postulés comme décousus. Autrement dit, l'atomistique moderne nous donne un lumineux exemple de pensée axiomatique. Elle nous apprend à penser les détails de l'être atomique comme analytiquement indépendants et à montrer ensuite leur dépendance synthétique. En particulier il ne s'agit nullement d'une référence à une simplicité originelle. Nous n'employons pas en effet l'idée d'axiome comme synonyme d'une notion claire et il y a bien loin d'un siècle à l'autre entre les expressions contemporaines et celles de Baudrimont qui écrivait en 1833 : « La géométrie est vraie pour tout le monde : il en est de même de la théorie atomique ; seulement, pour étudier ces deux sciences, il faut se reposer sur des bases qui sont tellement simples, qu'elles échappent aux démonstrations et ne peuvent être considérées que comme des axiomes.[1] ». En dépit du nom c'est de postulats non d'axiomes qu'on traite dans l'Axiomatique moderne. Ce n'est pas parce que l'idée d'atome est simple et claire qu'elle est féconde. Elle n'est pas ce qui résiste à l'analyse, mais bien ce qui est fécond dans la synthèse. De sorte que l'atomistique axiomatique ne reçoit de sens que de la construction qu'elle favorise. Sur cette science, on peut saisir la vraie nature de l'effort de la pensée rationalisante. Comme le dit très bien V. Jankélévitch : « L'effort interprétatif… exige que l'esprit en présence des problèmes se place d'emblée dans

152 |

---

1. A. Baudrimont, *Introduction à l'étude de la chimie par la théorie atomique*, Paris, Louis Colas, 1834, p. 102.

une atmosphère spirituelle et *découvre* le sens vrai en le supposant; de sorte que l'intellection consiste toujours, à la rigueur, à supposer le problème résolu.[1] ». V. Jankélévitch parle aussi « d'une sorte d'aventure initiale : il faut commencer, il faut risquer ». L'atomisme contemporain est peut-être le meilleur exemple de ce risque scientifique par lequel les intuitions nouvelles réforment la pensée et l'expérience.

1. *Revue de Métaphysique et de Morale*, décembre 1928, p. 465.

Si l'on veut bien méditer l'aspect moderne des recherches scientifiques sur les phénomènes atomiques, on s'aperçoit facilement du caractère illusoire de nos intuitions premières. Ces intuitions répondent trop tôt et trop complètement aux questions posées ; elles ne favorisent pas les synthèses compliquées et fécondes ; elles ne suggèrent pas d'expériences. Il semble même que la connaissance vulgaire soit suffisamment caractérisée par son manque de jugements synthétiques *a priori*, par son manque de postulats clairement énoncés. La synthèse n'y est jamais que la réplique d'une analyse ; elle répare ce que l'analyse avait désorganisé. Dans nos analyses immédiates, nous oublions même de spécifier le point de vue toujours très particulier de nos méthodes de démembrement. Ce serait pourtant un grand progrès si l'on pouvait toujours exposer les conditions d'une analyse, ses limites et les points de vue qui la déterminent. On verrait alors que l'analyse ne se fait jamais qu'à un point de vue particulier et que la faute la plus fréquente est de croire qu'on gouverne la substance par la qualité. C'est la faute originelle du réalisme. Aucune doctrine n'en a plus souffert que l'atomisme. Ce fut précisément un des caractères les plus féconds du positivisme que d'avoir traduit par un qualificatif ce qui relevait de la *méthode*, en laissant de côté toute référence à une qualité qui relèverait de l'*être*. Ainsi l'atome chimique n'est, pour cette philosophie, rien de plus

154 que | les phénomènes « atomiques » étudiés par la méthode chimique. Quoi qu'on pense du positivisme, ce point de vue méthodologique doit rester primordial.

Une des premières obligations de la méthode scientifique nous impose donc la règle de ne pas dépasser davantage le défini dans les sciences de la nature que dans les sciences de l'esprit. A cet égard, l'expérimentateur doit donc pratiquer, suivant l'expression de Lodge, une véritable politique d'exclusion. On voit alors combien est dangereuse la supposition essentielle du réalisme qui attribue à l'objet scientifique plus de propriétés qu'on en connaît effectivement. C'est peut-être même à l'égard de la science atomique que la supposition réaliste est la plus fautive. En effet, ce dont il faut avant tout se convaincre, c'est que *l'atome n'est pas notre objet* ; il n'est pas *un* objet offert à notre recherche ; il n'est pas un donné ; il n'est pas un fragment du donné ; il n'est pas un aspect du donné. Aucune intuition ne saurait donc le résumer. On résumera mieux l'atomisme en prenant l'atome comme un centre de convergence pour des méthodes techniques, à l'extrémité de divers processus d'objectivation. Si même l'atome scientifique se manifestait soudain par des caractères empiriques en dérogation totale avec les précautions techniques, ce serait la preuve d'une défaillance instrumentale ou d'une erreur méthodologique. La permanence des phénomènes atomiques est le signe d'une méthode fidèle. En chimie, le corps pur est la conquête d'un esprit sûr. La pureté du produit est la preuve de la sûreté de la technique.

Quand on a ainsi exclu tout ce qui pouvait troubler l'expérience on peut plus facilement mettre en œuvre des techniques nouvelles | en accord avec les conceptions mathé- 155 matiques. L'achèvement mathématique d'une théorie favorise alors la précision expérimentale. C'est un point que M. Lémeray a mis finement en évidence. « Il existe, dit-il, une correspondance étroite entre le fait qu'un problème mathématique peut être complètement achevé et le fait que les phénomènes physiques, qui en constituent l'application concrète, présentent un caractère expérimental particulièrement net. [1] » L'esprit scientifique qui anime le laboratoire pratique une sorte de fusion des précautions négatives, des techniques positives et des inductions mathématiques. Ainsi l'atome des philosophes, vieux symbole de la conciliation des caractères contradictoires, fait place à l'atome des physiciens, pour l'étude duquel s'associent les attitudes philosophiques les plus diverses. Cet éclectisme est tel qu'on peut dire que la science atomique moderne s'éclaire dans toutes les perspectives philosophiques et que l'atomisme contemporain est la plus prodigieuse des métaphysiques. Jamais l'essaim des idées n'a été aussi vivant autour des choses, jamais la prise sur le réel n'a été préparée d'aussi loin et par des moyens aussi variés que dans notre conquête de l'infiniment petit. On aura donc raison de ne négliger aucune des voies philosophiques que nous avons entrepris de retracer au cours de cet ouvrage. Il faudrait même trouver un moyen d'établir des correspondances entre les diverses philosophies pour arriver à *penser* vraiment l'atome.

1. E.-M. Lémeray, *Leçons élémentaires sur la Gravitation*, Paris, Gauthier-Villars, 1921, p. 5.

Si nous devions, dans cette vue, non pas condenser mais ordonner les attitudes philosophiques que nous avons 156 essayé de | caractériser, voici comment nous concevrions la pédagogie philosophique de l'atomisme.

Nous conseillerions d'abord une position *critique* du problème. En effet, il est avant tout nécessaire de bien se rendre compte de la pente par laquelle l'esprit va naturellement et insensiblement à l'atomisme. Sous sa forme effacée et factice, la théorie développée par Hannequin est, à cet égard, très instructive ; elle nous montre comment l'esprit plaque le discontinu sur le continu le plus rebelle à cette information. Cette théorie n'est cependant pas assez nourrie de faits : jamais l'idée d'une unité indivisible n'aurait pu provenir de la simple mesure géométrique si l'expérience s'était toujours désintéressée de tout ce qui morcelle effectivement une grandeur matérielle. Pour la psychologie exacte du morcelage, c'est ici, après la thèse de Hannequin, qu'il faudrait examiner les pénétrantes études de M. Édouard Le Roy. En les suivant, on verrait les *simplifications* par lesquelles on définit des « centres disjoints, entourés d'ailleurs d'une atmosphère vaporeuse »[1]. On aboutirait enfin à une « connaissance schématique et formelle, entièrement résoluble en atomes possédés par l'esprit »[2].

On reconnaîtrait ensuite que ces atomes du schématisme ont besoin d'être lestés. C'est la fonction des objets simplifiés de rentrer le plus souvent possible dans des jugements complexes et d'y prendre un poids de plus en plus grand. Le premier enrichissement pourrait d'ailleurs être systématique et

1. *Revue de Morale et de Métaphysique*, 1899, p. 381.
2. *Ibid.*, p. 539.

nettement posé *a priori*. Il suffirait pour cela d'amener l'intuition de l'unité physique, | unité compacte et résistante, 157 sur le plan même des formes *a priori* de la sensibilité, en mettant au rang des formes *a priori* l'énergie elle-même. C'est là une modification qui irait dans le sens même où Schopenhauer rectifie le kantisme, en rapprochant la causalité des formes *a priori* de la sensibilité. Dans cette vue, l'atome apparaîtrait davantage comme l'unité de la cause que comme l'unité de la substance.

Mais qu'on le veuille ou non, à chaque enrichissement, on incline insensiblement vers le réalisme. Au point de vue pédagogique, après la préparation criticiste, le réalisme a du moins l'avantage d'être conscient. Il est donc possible maintenant d'accueillir et d'encadrer les leçons de l'expérience immédiate. Cette fusion des principes de l'atomisme critique et des enseignements de l'atomisme réaliste est métaphysiquement impure ; mais c'est cependant dans cet éclectisme rapide et franc qu'on peut, croyons-nous, résumer toutes les formes de l'atomisme philosophique. Sans doute on trouvera, d'une école à l'autre, des dosages différents qui mêlent un peu d'*apriori* à beaucoup d'*aposteriori* ; mais jamais on ne trouvera la forme pure. Il en résultera pour le métaphysicien une impression indéfinissable devant l'atomisme, car on ne sait pas si l'atomisme constate ou prouve. A y regarder de plus près, on s'aperçoit souvent que, par une double inversion scandaleuse, *le réalisme veut prouver et le criticisme veut constater.* Si nous insistons sur cet aspect mêlé, fort propre d'ailleurs à donner l'illusion de la plénitude du concret, c'est que cet aspect est très caractéristique de l'atomisme philosophique. C'est peut-être pour cela que la plupart des grandes doctrines métaphysiques se sont détournées de l'atomisme et

158 que l'atomisme | est ainsi devenu le symbole de l'opposition à l'esprit métaphysique.

En résumé, une première fusion est nécessaire entre les thèses idéalistes et les thèses réalistes pour bien comprendre toute l'étendue de l'atomisme philosophique ; si l'on réussissait cette fusion, on serait mieux préparé qu'on ne pense à suivre l'évolution de l'atomisme scientifique moderne.

Voyons donc maintenant quelles leçons philosophiques nous pouvons tirer de l'activité scientifique moderne sous sa double forme expérimentale et théorique. Précisément, dans ce nouvel examen, il faut encore, croyons-nous, tenter de réunir deux états d'esprit différents, la position essentiellement empirique du positivisme devant naturellement précéder l'audace constructive de l'atomisme contemporain. Ce n'est d'ailleurs pas là un fait simplement historique, c'est une nécessité pédagogique permanente. Rien de plus instructif à cet égard que la réaction toute philosophique qui détermina les recherches de Heisenberg. Cette réaction est un rappel du positivisme qui se mêle curieusement à une réflexion sur les conditions nécessaires et en quelque manière *a priori* de notre observation active des phénomènes. En effet, de prime abord, sous l'inspiration positiviste, on refuse de parler, à propos de l'atome, en des termes qui ne peuvent se définir expérimentalement. Ensuite, l'on prend le phénomène atomique dans sa corrélation étroite avec l'expérience qui l'étudie. Ainsi l'on ne pose pas le phénomène comme contemporain d'un réel en soi, d'un réel indifférent à notre connaissance. C'est au contraire une réalité devenue sensible à la détection, engagée nécessairement dans

159 l'organisation théorique qui tente de l'appréhender. | Là encore, il faut donc associer deux philosophies de l'expérience ; la construction théorique des expériences sur l'atome ne peut plus se contenter de l'attitude positiviste bien qu'elle

parte effectivement de cette attitude. On ne reçoit pas toute la théorie de l'expérience. On ne craint donc plus d'augmenter le champ des suppositions, mais ces suppositions sont dès lors d'ordre mathématique. On espère ainsi dépasser la simple traduction des phénomènes compensés ou tout au moins comprendre la compensation. Ainsi naît une sorte d'atomisme théorétique.

D'ailleurs, comme la compensation des phénomènes a lieu en vertu des principes de la probabilité, on se trouve autorisé à développer les positions axiomatiques. On n'hésitera pas à multiplier les principes statistiques. Jamais l'imagination scientifique n'a été plus riche, plus mobile, plus subtile que dans les recherches contemporaines sur les principes atomiques.

Ainsi l'on va avec aisance des négations caractéristiques de l'état positif aux affirmations expérimentales *a priori*. On mêle les précautions et les hypothèses. On est sans cesse occupé à trier le phénomène géométrique parmi les phénomènes physiques, compensés et brouillés. Un soupçon agissant entreprend de réformer cette méthode de tri, car il est toujours à craindre d'oublier des variables, d'effacer ou d'imposer des symétries. Loin de se guider sur les analogies substantialistes, on s'en méfie. Loin de prendre la substance comme un tout, on tente de rompre la solidarité des attributs. Par exemple, « il faut bien remarquer, écrit Chwolson, que la matière peut être isotrope pour une propriété, anisotrope | pour 160 une autre… Les cristaux du système régulier sont isotropes en ce qui concerne les propriétés optiques, anisotropes à l'égard des propriétés élastiques »[1]. D'où la nécessité de multiplier les points de vue, d'aller à l'infiniment petit par une pluralité de voies, en l'entourant d'un réseau enchevêtré de théorèmes.

Au contraire, le positivisme classique nous conduirait à majorer abusivement certains faits, à ne prendre le réel que par un de ses attributs. Le positivisme s'éduque en effet au contact du phénomène immédiat ; il est incliné à prendre le phénomène immédiat pour le phénomène important, pour le seul phénomène apte à sanctionner la théorie. Mais la science moderne nous a réconciliés avec la causalité de l'infiniment petit, avec la géométrie du détail. On a dit souvent qu'en chimie, les découvertes se sont faites en étudiant les résidus rejetés par des expériences grossières. On pourrait dire que l'atomistique contemporaine se trouve de même dans les résidus rejetés par le positivisme immédiat. C'est ainsi que la science de l'atome achève la chimie par la géométrie. Aux intuitions sensibles doivent donc faire place les intuitions rationnelles. Et finalement si la pensée philosophique devait un jour combler le vide qui sépare l'atomisme naïf et l'atomisme scientifique contemporain, c'est toujours à la même question qu'il faudrait répondre : Comment des intuitions sensibles peuvent-elles devenir peu à peu des intuitions rationnelles ; comment des faits peuvent-ils aider à découvrir des lois ; comment surtout des lois peuvent-elles s'organiser assez fortement pour suggérer des règles ?

---

1. O. D. Chwolson, *Traité de Physique*, trad. fr. E. Davaux, Paris, A. Hermann, 1908, t. I, p. 30.

INDEX DES NOMS CITÉS

TABLE DES MATIÈRES